為何父母越完美，孩子越痛苦？

化擔憂為信任的教養之道

成田奈緒子・著
陳聖怡・譯

前言

破除學歷迷思，幫助孩子培養適應未來的綜合能力

我的上一本書，是與山中伸彌教授合著的《山中教授與同窗幼兒腦科學家談育兒》（暫譯）。託讀者的福，這本書大受好評，之後也有更多親子到我負責的「育兒科學軸心」（位於千葉縣流山市，以下簡稱育科軸心）尋求諮詢。

最近學歷偏高的家長比以前多了，不曉得他們是不是透過上一本書認識我的緣故，我總覺得來諮詢的人增加了。擁有高學歷的家長一般來說都很熱衷於研究，可是一旦他們感到迷惘，通常就會越來越煩惱、變得不知所措。

例如，有些家長會說：

「我現在偶爾還是會夢到被母親罵，嚇得我從床上跳起來。她會罵我功課寫完

了沒，或是要我在期限內完成某件事、否則就饒不了我。到現在我還是會覺得很害怕。在和成田醫生談過以後，我才明白這是母親的教育帶給我的心理陰影。」

現在日本正在養育孩子的中堅世代，稱作團塊二世，其中很多人在就學時期經歷了激烈的考試競爭。他們遭受所謂的「虎媽」嚴厲管教，這段經驗在他們長大成人以後，變成心理創傷遺留了下來。

那位來談者很清楚她不能像自己的母親那樣教育孩子，卻又十分煩惱自己是否也犯了相同的錯誤。「自己是怎麼被養大的，就會怎麼去養孩子」，從某方面來說這是事實。如果沒有別人的建議，難免就會依樣畫葫蘆。

另外，也有些家長會這麼說：

「我以前沒能考進自己理想中的大學，所以我希望孩子可以擁有我所沒有的學歷。」

這就是「雪恥型育兒」。本書會再詳細敘述，不過要是用這種理由來強迫孩子讀書，孩子心中的怨恨總有一天會回報在你身上。

爲什麼學歷越高的父母，越會爲育兒煩惱呢？

我在接觸過許多實際案例以後，歸納出了幾個原因和傾向。既然有原因和傾向，就會有因應的方法。

本書是我根據自身的經驗和見解，爲了提醒有育兒煩惱的高學歷家長，以及本身學歷不高、卻盲信「學歷至上」的家長所寫的。

出版社提案的《高學歷父母病》（譯注：原書名）這個書名相當浮誇，一開始我還有點抗拒；不過，書名可以解釋成高學歷的父母受到「學歷至上主義」這種病侵蝕。實際上高學歷的家長，大多也都有育兒的煩惱。希望各位讀者可以理解，書中的「高學歷父母」一詞同時包含這兩種含義。

如今獨生子女越來越多，育兒變成了父母「一生僅有一次」的體驗，無法重來，所以想要用盡全力。我明白這種心情，但若是因此用狹隘的觀念來教育孩子，孩子就會受到不良的影響。一旦孩子成長失衡，就會連累整個家庭。

本書也指出，這樣的父母往往會越孤獨、眼光越狹窄。正因如此，我希望各位能夠先了解「一個人的能力畢竟有限」「這世上還有自己不知道的育兒知識」。你所受過的教育並不是一切，而且對孩子來說未必是最好的。

這是個多元化的時代，社會追求的人物形象也瞬息萬變。所以，在任何時代、任何環境下都通用的「綜合能力」尤其重要。

本書談論的就是讓孩子具備這種能力的方法。希望各位願意翻開本書，別再獨自煩惱。

※爲保護來談者的隱私，本書提及的案例皆在不影響內容的範圍內更改屬性和經歷。

目次 CONTENTS

目次 CONTENTS

第2章 過度擔憂的高目標父母

目次 CONTENTS

第3章 玻璃心的學歷迷思親子

第4章 學歷迷思父母會偏向「錯誤的早期教育」

目次 CONTENTS

目次 CONTENTS

第1章
「完美父母」的育兒風險

三大風險是「干涉、矛盾、溺愛」

有一天我去參加一場親子活動，聽到一位負責木工體驗區的女性在向主辦方求助，就好奇湊過去聽。

「孩子們有點怪怪的欸。」

這位已經連續好幾年參加這場活動的女性表示，「大概從四、五年前開始，孩子們就不會自己主動做手工藝了」。

鋪在地板上的大塑膠布上，各種形狀的木塊堆得像小山一樣。在這裡孩子們可以任意用白膠黏貼這些木塊、做出自己喜歡的樣子，完全就是個可以雀躍玩耍的體驗區。這一區的宗旨就是放任孩子自由玩耍，「家長只需要在遠處默默關注即可」。在這裡可以看到孩子興奮地衝進去，一股腦兒開始做手工藝的模樣。

但是，現在狀況就跟那位女性說的一樣，孩子們漸漸變得「不知所措」；而就像是呼應這個變化似地，緊跟在孩子身邊不走的家長則是異常醒目，結果變成家長要指導不知所措的孩子做出木工作品。

「你看，那個圓木片要黏在這個凸出來的角上喔。不是，不是那個，要拿旁邊那個。對，把它們黏起來不就好了嗎？」

就像這樣，家長會一直下指令，然後孩子乖乖地照著做。

以前的孩子會不停地黏貼木塊，不知不覺就做出了比自己還要高的巨大作品，於是大叫著「帶不回家啦～！」這種有趣的場面還滿常見的。

「可是，最近再也沒有發生過這種情形了。不曉得是不是大人覺得帶著作品搭電車很丟臉、家裡沒地方放什麼的，考慮太多的關係。」

負責這個體驗區的女性似乎感到很惋惜。

其實，這是二〇一六年的事了。之後我也沒有聽說孩子們又開始會衝進去玩。這位女性和已經研究親子議題三十多年的我，都是長時間持續縱向觀察孩子的模樣，所以才能清楚看出「小孩的樣子越來越奇怪」。

相較之下，目前正在育兒的父母，眼中看見的只有與自家小孩相同年齡層的孩童，也就是採取橫向的觀察，所以才會覺得「大家不都是這樣做嗎」，而不會在意那麼多。

這位女性在六年前說「孩子從四、五年前就不會動手做工藝」，代表至少從十年前就已經有明顯的變化了。

這種現象很可怕，必須提高警覺。我在思考該怎麼辦時，最後得出的結論就是應當從大人，也就是從父母開始矯正。

在大人的關注下讓孩子任意闖蕩，孩子才能獨立思考並行動。而孩子偶爾會犯錯被罵、遭遇可怕的事、出醜丟臉，這些經驗會留在記憶裡，讓他們知道「以前做錯過，所以這次換個方式做」，進而學會修正。孩子會在反覆試錯的過程中成長，並且在腦內建立「嚇阻力」。

然而，許多父母卻無法放任自己的孩子去闖蕩，不僅沒有爲孩子培養出獨立思考能力、問題解決能力和主體性，甚至還全部剝奪。我一直對這個現象感到非常疑惑，後來決定調查這些父母內在的問題。

在我參加那場親子活動後的隔年二〇一七年，我任教的文教大學教育學部的兩名學生從「父母的自我評價」和「孩子對父母的客觀評價」這兩個角度，開始調查父母的養育態度。這項心理檢查（ＴＫ式診斷新親子關係檢查）在五個領域中分成十個項目，我看到第一次的調查結果圖表後，忍不住驚呼出聲。

「哇，果然整個凹進去了呢～」

- 父母對孩子採取否定態度的「不滿」「譴責」
- 父母對孩子有控制欲的「嚴格」「期待」
- 父母多管閒事、過度保護的「干涉」「擔憂」
- 父母服從孩子的「溺愛」「順從」
- 父母對孩子的教誨違背實際行爲的「矛盾」「不一」

檢查的平均值如19頁的十角形圖表所示，數字越低，代表育兒方式的問題越大。在50百分位數（統計學的代表數值）以上屬於安全範圍，代表這種育兒方法沒有問題；20～50百分位數屬於中間值；20百分位數以下屬於危險範圍，需要評估改善育兒方法。

仔細看這張圖表，會發現「干涉、矛盾、溺愛」這三項都凹了進去。雖然協助調查的親子只有六組，不過這三項都特別低，瀕臨危險範圍。

前面提過，「干涉」是指過度插嘴介入、多管閒事；「矛盾」是孩子對父母的言行舉止感到矛盾。最後的「溺愛」就是字面上的意思，太過嬌慣、寵愛孩子。

這些就是育兒的三大問題，這個結果符合我一直以來的感受。包含協助這項調查的親子在內，這些要素也常出現在來醫院看診的親子身上。而協助調查的親子經過專業的輔導以後，所有數值都明顯改善了。詳情會在後面的章節敘述。

這麼一想，在木工工藝區裡指導孩子「你看，要黏在那個凸出的角上」的母親，也有一樣的問題。儘管孩子參加的是要隨意玩耍的活動，母親卻不斷地插嘴干涉。家長對孩子的愛非常深切，只是示愛的方向和方法有點不對。

2017年
TK式診斷新親子關係檢查的平均值

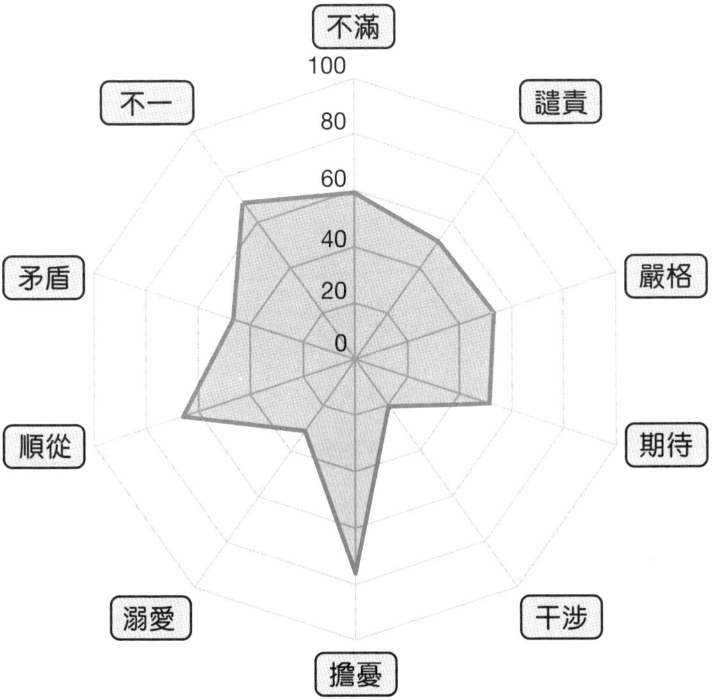

50～　安全值
20～50 中間值
～20　危險值

為何父母愛「干涉」？

我們就來看干涉、矛盾、溺愛這三個「危險育兒」的實例吧。

我在醫院門診爲親子看診的時候，常常會發生家長搶著幫孩子回答問題的場面。我問孩子：「你晚上都幾點睡？」家長就會搶先回答：「大概是半夜十二點。」即使我聲明「我是要讓小朋友自己回答」，家長也聽不進去，堅稱「沒有啦，因爲我比他還清楚嘛」。

這裡冒昧談一下私事。我有個女兒，基本上我認爲讀書是孩子自己分內的事，所以不會把她的學業功課帶進家庭生活之中。如果孩子眞的很需要協助，我當然還是會幫忙，但我會告訴她自己能做的功課就自己做。我會幫她付考試的報名費，但她必須自己跟學校索取報名表、自己塡寫，需要哪些推薦函等手續也全部交給她自己打理。

結果情況簡直是混亂至極。女兒報名的每一間大學都來電告知「資料缺漏」，像是忘記貼大頭照、錯字漏字，她寄出的申請資料統統都被退件。她拚命地修改資料，大概重寄了三次。不過我相信她也因此學到了教訓。她在重考那年第二次繳交申請書時，就沒有資料被退回了。

另一方面，我也聽過有人的大學考試報名表全都是由母親填寫，也有很多家長會幫孩子填寫求職時寄給公司的履歷。我之所以說得這麼篤定，是因爲我在任教的大學裡就遇過這種事。例如有的父母會幫就讀大學的孩子選課，甚至還有家長打電話來說：

「我幫我的小孩塡了精神保健福祉士考試的報名表，已經裝進信封交給他了，但我還是想請您幫我留意一下他有沒有眞的把報名表寄出去。」

這種過度干涉、過度保護的父母會妨礙孩子獨立，導致孩子會在父母管不到、控制不了的地方給別人添麻煩，或是引發問題。

我再舉個例子。祐美太太是位銀行職員，她總是不由自主地擔心小學三年級的兒子帶回家的功課。

「如果我不盯著他，他就會迷迷糊糊地一直不寫功課。雖然只要我問他功課寫了沒，他就會坐到書桌前了，但又會繼續發呆。就算我下班回家很累了，還是要坐在他旁邊盯著他寫完每一題。他是個肯做就能做好的孩子，但他就是不做，所以我對他說話的口氣也會不小心變差。早上也是，我要趕著出門上班了，他還在書包旁邊發呆，結果我只好一邊發脾氣、一邊幫他放好當天要用的課本和筆記本、幫他削鉛筆……這樣我真的很累！」

由於這位母親來尋求諮詢，因此我建議她「孩子並不煩惱功課和學校要用的東西，所以他才不做。媽媽妳別管他就好了。更重要的是，妳要盡量緩解自己的疲勞」。

「說的也是！」當時這位母親恍然大悟地回去了，但之後大概每三個月她又會再來重複諮詢一樣的問題。

不管我這樣建議多少次，她還是很擔心兒子「做不到」。雖然她會想起我的建議，但最後總是忍不住出手幫忙……由於她的兒子已經小學六年級了，對母親過度干涉的舉動似乎很不耐煩，偶爾會用火爆的語氣頂嘴，還會朝母親丟東西，然而，他到現在還是無法自己準備帶去學校的物品。

這位母親至今依然哀嘆：「爲什麼這孩子會長成這副德性呢？我都已經幫他這麼多了。」

因「裝腔作勢」而自相矛盾的父母

有個十二歲的女生，就讀一所國中部直升高中部的明星女校，後來卻拒絕上學。只要她一開始準備出門上學，就會頭痛想吐。醫生診斷她患有起立性調節障礙。身爲母親的惠美，則是以笑容面對女兒的困境。

「我只希望女兒的身體健康就好。不上學也沒關係，就算休學也無所謂。」

雖然她嘴巴上說只要健康就好，卻又說：「這孩子英文學得不好，唯獨英文課遲到就慘了。所以只要是有英文課的日子，我就會開車送她去上學。」顯然惠美太太對學校的課業很執著，但並不會露骨地表現出自己的野心。

有一天，學校舉行了運動會。當時這名女學生正在改善生活習慣，雖然還是會遲到，但漸漸地可以自己去上學了。她似乎開始有了自信，意氣風發地表示：「我一定要參加運動會。到那天以前我會養好身體，如果我覺得自己可以去的話我就去。」

另一方面，惠美太太卻說：「萬一她參加運動會又倒下了怎麼辦，之後不就沒辦法去學校了嗎？這樣還會給其他同學添麻煩，不然我去偷偷拜託老師，讓她不要上場好了。」

因此，我便開始對惠美太太曉以大義。

孩子自己說無論如何都想去、會想辦法讓自己在那之前好起來，妳當媽媽的只需要相信她就好。如果她到時候狀況不好，只要告訴朋友：「我覺得有點不舒服，可以讓我休息一下嗎？」就好了。既然是她自己決定要做的事，就算失敗了，她也會自己站起來的。

我說完以後，惠美太太才點頭同意「說的也是」。

父母是因為不安才會干涉孩子。不安的原因雖然因人而異，不過通常都會隱約透露出他們「希望我的孩子和所有孩子都一樣」的心態。**但目標比較高的父母，想的其實是「希望我的孩子比其他人更傑出」**。他們要求的可能是學歷、職業，或是參加運動類的全國大賽、在比賽中贏得冠軍之類的成就。這種想讓孩子比其他人更卓越的虛榮心十分明顯。

但是，「完美父母」並不會承認自己有這種虛榮的心態。惠美太太也經常強調：

「我家小孩只要當個普通人就好。」

這種態度看似冠冕堂皇，實際上我卻能從中感受到父母的野心。不過他們心裡很清楚，這股野心在社會上「不討喜」，所以才會隱瞞自己的想法。因為他們知道要是表現出來，就會破壞自己的形象。

或許對於曾在班級裡名列前茅、畢業於知名大學、任職於知名企業的人來說，這種想法與其說是野心，不如說是他們的常識。要是自己的學經歷與孩子實際上的表現截然不同，父母就會非常不安。倘若孩子達不到自己所認為的「普通」水準，就會瞬間變得焦慮不安。

像惠美太太這種會讓孩子去考私立國中的父母很常見，而這些父母的孩子在千辛萬苦考進國高中一貫升學的學校後，大多會感到無法適應。當他們開始拒絕上學，或是經常遲到、曠課後，學校老師也會告訴家長：「再這樣下去的話……可能代表您的孩子不太適合就讀本校。」孩子不願上學的原因也有很多，像是交不到朋友、跟不上學習進度、跟學校的風氣不合等。

有的家長會說「我覺得公立國中（高中）也很好，但孩子都碰巧考上了，就讓他去讀了」，於是我建議他們：「那何不讓他讀讀看你們家那區的公立國中呢？」「你們家附近應該也有公立高中吧？」但這些家長都會異口同聲回答：

「雖然不管讀哪裡都很好啦，」

並緊接著說：

「可是孩子都好不容易考進直升的學校了，我希望他至少可以不必再去考高中。」在具體談到轉學的話題時，他們都會表現出強烈的抵抗態度，私底下相當排斥孩子就讀公立學校，坦承自己其實想讓孩子繼續讀、堅持孩子要留在已經考上的學校。

他們根本沒有發現自己的眞心話與場面話落差太大，比如他們會說「既然孩子都考進這所國中了，我覺得最好是能直升高中啦，不過要轉學到公立國中也沒關係」，不知不覺在談話中吐露出眞心。

由於他們在孩子面前也會說出這種矛盾的話，所以孩子就會發現爸媽前言不對後語。這種情況稱作雙重束縛（Double Bind），因爲父母表現出矛盾的價值觀，反而讓孩子更加不穩定。

我跟這些孩子面談後，發現他們很在意自己的課堂出席狀況，或是非常害怕自己升不了高中。他們一直都走在爸媽鋪好的路上，在父母的干涉下長大。他們從父母的表情、舉止、話語背後的眞正心思，領悟到「媽媽肯定希望我就這樣一路讀到高中」。

來找我諮詢的媽媽們，都會在深入面談後說出眞心話。我們會聽她們娓娓道來，但談話中遲遲沒有提到父親，或許是父母雙方對育兒的意見分歧。這些個案的一大特徵，就是父親的存在總是一言難盡。

相較之下，**在成長過程中得到適度的尊重、有選擇權的孩子都會直接對父母發脾氣、指出他們的矛盾之處**。這樣才能讓父母察覺並學到教訓，而能夠表現自我意志、反抗父母、退學轉校的孩子，根本就不會來找我諮詢。

基於「干涉、矛盾」的「溺愛」

我們對溺愛的印象，就是眼中只看得見自己的孩子、對孩子過分疼愛。大家的出發點都是爲了孩子好，尤其「完美父母」大多經濟富裕，所以總會做出「自以爲好心的事」。不過跟溺愛有點難分辨的是滿懷愛意卻不加以干涉的「寵愛」，這個對我來說並不具有負面的含義。

溺愛的問題很容易連結到干涉。若父母持續干涉孩子，就會爲了正當化自己的行爲，導致自己的前言後語產生矛盾。於是，溺愛加上干涉後，又會再加上矛盾。也就是說，育兒的「三大風險」環環相扣。

「完美父母」溺愛孩子時所展現的特徵，就是「聰明地搶先」。他們都博學多聞、頭腦清晰，只要看著孩子，就能在某種程度預知到「這樣下去一定會失敗」。這項「預知能力」太過出色，會讓他們想要搶先防範於未然。

有個母親在經過長期的不孕症治療後，終於生下了一個女兒。她是個年過三十五歲的高齡產婦，所以簡直是將女兒「捧在手心上」疼愛。我印象最深刻的是她說過：「畢竟這是我千辛萬苦才生下來的寶貝，我希望她也可以體會到我經歷過的所有幸福。」自己以前上過的鋼琴才藝班、國中升學補習班等，她全都讓女兒去上了。

但是，女兒在小學卻沒有拿到夫妻倆期望的優秀成績。母親因此十分震驚，便在女兒升上小學三年級後，讓她放學後去補習到晚上十點、十一點。儘管他們夫妻都是忙碌的全職上班族，卻還是會分頭去接送小孩補習。

我問這位媽媽：「這樣會不會有點過頭了？」但她堅持「如果學歷不夠高就不會幸福，這樣下去孩子會變得不幸」。看來她的理論就是「學歷低的人會不幸」。雖然她本人並沒有自覺，但我能感受到她內心有很強烈的歧視心態。

不過，這種因爲溺愛孩子而先下手爲強的行爲，在其他高學歷父母身上也很常見。聽說在小學裡，只要有高學歷的媽媽發現「自己的小孩可能會吃虧」，就會去找級任導師說三道四。例如在運動會上，高年級的學生要分組做疊羅漢。這種媽媽就會針對和自己孩子同組的同學，要求導師「那個同學很愛抱怨，希望您可以把他們分開」。

雖然導師心裡都會想「拜託少來管閒事」，但如果學生家長是醫生、律師或大企業職員這類菁英人士，導師就無法輕易拒絕。這些家長都很能言善道，拒絕他們之後萬一發生了意外，可以預見他們會擺出一副「我早就告訴過你了」的態度來大肆抗議。

如果老師最後考慮到家長而更換了組員，孩子就得承擔後果。因爲這群學生會察覺到這件事是某位家長指使的，於是怪罪到那名家長的孩子身上，結果受傷最深、感覺不開心的卻是孩子。

不僅如此，有些家長還會提出各種無理的要求，像是「班上有人說我孩子壞話，希望老師能幫他換班」「這六年絕對都不要讓我家小孩跟○○同班」。這些事的動機，都全力聚焦在「無論如何都要讓孩子幸福」這一點上。

從老師的立場來看，最好的回應是「不行，這樣對其他孩子不公平」，但老師也會怕麻煩，所以只好順了家長的意。家長本身並沒有惡意，也不想對其他孩子不利。他們是溺愛到最後，不知不覺變成了恐龍家長，但他們或許還以爲自己機靈地阻止了意外發生而鬆了一口氣。

大學或研究所畢業後打拚事業的人有晚婚的傾向，他們的朋友都早一步結婚、培育出優秀的孩子，外表看起來都幸福洋溢、光鮮亮麗。一旦有成功案例在先，身爲晚婚組在某種意義來說會很爲難。孩子已經慢一步出生了，所以他們會急著要做點什麼，以免孩子沒出息。即使溺愛並非出自父母本身的意圖，卻是危險育兒的起點。

用「自己被教育的方式」育兒

什麼樣的父母會有干涉、矛盾、溺愛這三大風險呢？

我在某個地方政府的支援機構裡，認識一位名叫靖子的女士。她是個上班族，有十分亮麗的資歷，先生也在一流企業上班，兩人育有就讀私立國中的長女和同樣就讀私立小學的次女，是一對典型的高學歷夫妻。

不過，就讀國中的長女有暴力傾向，令他們頭疼不已。一旦事情不如她的意，她就會拳打腳踢，就連靖子也會忍不住對女兒動手。

最嚴重的一次，是長女用剪刀破壞次女的制服。地上都是剪碎的裙子和襯衫，次女在一旁哭喊。靖子一氣之下就打了長女。

其實，靖子有個妹妹，她自己與母親之間嚴重失和。母親對於身為長女的靖子過度嚴厲，卻明顯偏心妹妹。情緒善變的母親，總是將憤怒的矛頭指向靖子。長女靖子小心翼翼地避免讓母親不開心，但妹妹不論做什麼都能獲得包容。靖子感受不到母愛，童年時期過得相當辛苦。

「我當時眞的很痛苦，所以才一直想要正確地養育孩子，不能像我和我妹妹一樣。我還以爲我都有好好養育孩子。」

明明有自己的母親當作反面教材，結果還是重蹈覆轍了——剪碎的制服破布，似乎徹底否定了靖子所做的努力。

不過，靖子並不是特例。育兒中的父母大多都曾下定決心：「我的父母會體罰我，所以我不能像他們一樣。」「從小就沒人聽我說話，所以我要當個願意傾聽孩子心聲的父母。」然而，他們只知道自己經歷過的教育模式，於是無意間就用了自己被教育過的方式來教育孩子。儘管他們懷疑自己雙親的育兒方法，卻還是不知不覺模仿了父母的作法。

我和靖子談過話後，就知道她的自我肯定感很低、認爲自己很沒用，還有自卑情結。雖然她有高學歷又有社會地位，卻始終困在母親不認同自己的魔咒之中。她經常感到焦慮不安，所以情緒也很容易失控。

她的先生來找我面談過一次，似乎是被妻子逼來的，感覺很不情願。當時他用凶狠的表情發表自己的高見：

「我做的是業務管理，會按照自己的原則和別人往來，非常謹慎地考慮怎麼和別人培養關係。我有一套人際關係的規則，但女兒總是反其道而行。」

他滔滔不絕地批評自己的女兒大錯特錯、堅稱自己才是對的。

「我在女兒還小時就會告訴她怎麼做才好、注意她的舉止，她卻不聽話；我太太也罵我這樣很像在虐待小孩、叫我別這樣。她根本一點也不乖。二女兒倒是會聽我的話去做，學校功課也做得很好。我就不懂為什麼我非得要包容大女兒才行，所以我不想再為她繼續妥協下去了。」

而他的最後一句話令我十分震驚。

「早知道會生出這種孩子的話，我就不跟我太太結婚了。」

他完全不接受和自己不同的意見，或許是認為自己的價值觀不容挑戰吧。

除此之外，他還有「倖存者偏差」的問題，認為自己是在父母的斯巴達式教育下長大，但多虧有這種教育才有今天的成就。他只以自己的倖存，也就是以自己克服了某些苦難的經驗作爲判斷基準，絲毫沒有考慮過非倖存者的心情，所以就算對象是女兒，也同樣嚴厲對待。

這一點，也算是現代傑出父親常見的一個特徵吧。

大家讀到這，或許會覺得自己的教育方式似乎不被認同。不過，我並不是想要助長各位父母的憂慮，我想說的是「只要具備正確的知識，隨時都可以重新教育孩子，孩子依然可以健康長大」。

下一章開始就會進入這個話題。

第2章
過度擔憂的高目標父母

育兒是將「擔憂」變成「信賴」的旅程

我從一九九八年起開設兒童精神科門診，從那個時候開始，我腦海裡的關鍵字就是「不安」。由於我以前專門研究的是血清素，這是一種可以消除不安的荷爾蒙，所以我也會從家長的角度來注意「不安的父母如何養育小孩」。

結果我發現，這些父母都會搶先一步過分照顧小孩。他們之所以會搶先，是因爲不信任自己的孩子。

我剛好在一九九九年生了女兒，親身體會到母親對寶寶會有的不安。寶寶的身體嬌小到彷彿一碰就會壞掉，呼吸微弱到讓我擔心她是否還有氣息，甚至到了想用聽診器確認的地步，每天都操碎了心。

身爲母親的我對孩子的情感，百分之百就是「擔憂」，女兒對我來說就是憂慮的來源。我切身體會到，育兒初期的不安是理所當然的反應。

然而，當小孩長到三歲以後就會說話了，也會自己走路、吃飯、上廁所。她會想要討抱抱，也會表達睏意。只要滿足她的需求，她就會回你一個轉瞬即逝的微笑。沒錯，這是只有父母才能欣賞到的、期間限定的微笑，因爲只要幾個月後小孩的體型就會抽高，容貌也會改變。

從這個時期開始，假設要孩子一個人走到不遠處、從紙箱裡拿橘子過來，她就會乖乖去拿來。只要稱讚她做得好，她就會一臉驕傲，父母也會因此感覺到自己可以多信任孩子一點。

在這個過程中，孩子漸漸可以自己換衣服，自己刷牙，也能幫忙做點家事。身爲母親的我每每看到她做這些事的身影，都會感嘆原來這孩子做得到啊，於是增加更多「信賴」，願意把事情交給她，在這個時候，我對她建立了大約15%的信賴，而擔憂的程度下降到85%左右。這是我個人的判斷（41頁「從擔憂到信賴」，3歲）。

「原來只要對孩子的信賴度增加，自己的不安就會減少。」

我幾乎可以確定就是這麼一回事。

後來我分別跟門診的病患、諮商的個案分享各自的育兒心得時，才發現我會毫不遲疑放手讓女兒去做的事，這些媽媽根本不讓自己的孩子做。來找我諮詢的家長很多都擁有高學歷，但身兼大學教師和醫師的我也是社會上所謂的高學歷分子，所以我能理解他們的處境。

舉例來說，即使孩子已經讀到國小三、四年級，這些父母還是無法把自家鑰匙交給小孩、讓他獨自放學回家。我個人是希望在孩子上低年級的時候就可以嘗試自行回家，於是向他們追問原因，得到的回答是「要是孩子把鑰匙弄丟怎麼辦」。

「雖然的確可能會弄丟啦，但萬一孩子眞的弄丟鑰匙，他也會明白自己闖了禍，以後就會更加小心了。只要不再弄丟，他就會更有自信，也能加深親子之間的信賴不是嗎？」

就算我極力想說服他們，還是會有母親頑固地堅稱「不可能啦，我家小孩一定會弄丟。要是害家裡遭小偷就慘了」。即使我稍微降低一點門檻，提議在搭大眾交通工具時讓小孩保管車票，用這種方式增加親子的信賴度，但每個媽媽都還是一致認爲「弄丟的話會很麻煩」。

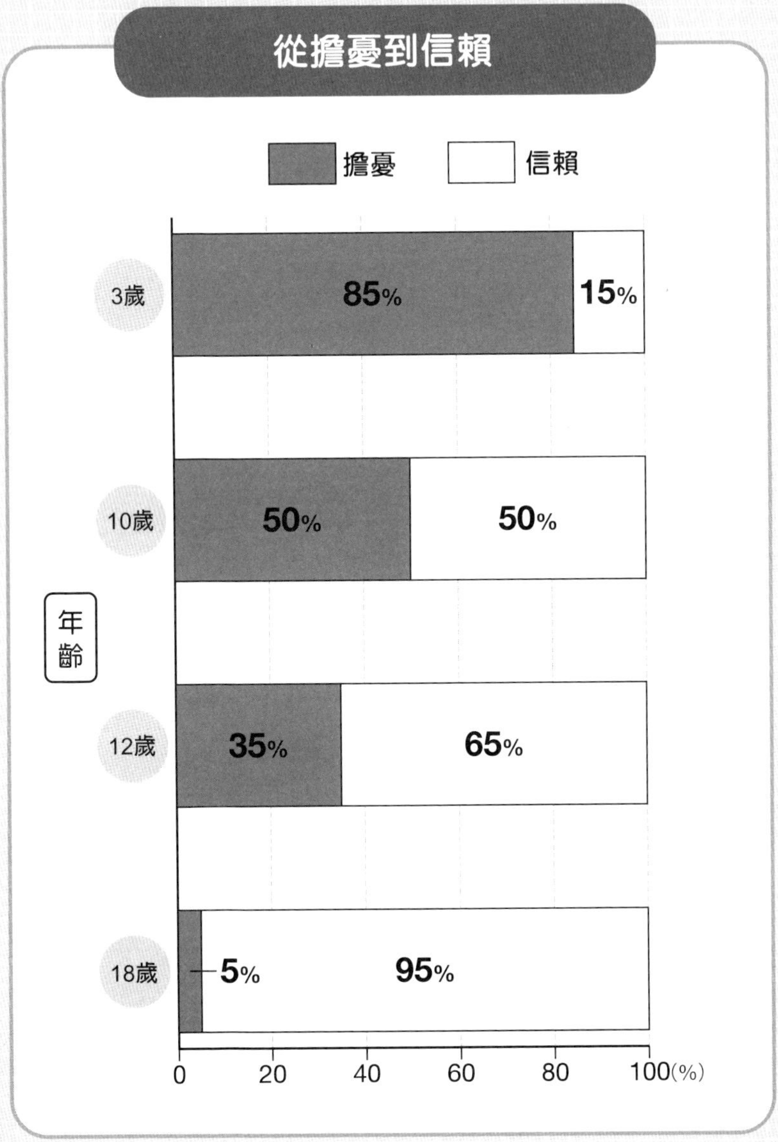

從擔憂到信賴
擔憂
信賴
年齡
3歲
85%
15%
10歲
50%
50%
12歲
35%
65%
18歲
5%
95%
0
20
40
60
80
100(%)

接二連三的拒絕並沒有讓我氣餒，我繼續提議「一定要幫小孩安排零用錢制度」。因爲孩子學會自行理財，也有助於增加父母對孩子的信賴。結果，對方告訴我：「但是給他零用錢，他不就會一次全部花光嗎？」這些家長不僅打從心底不相信孩子，還只會用擔憂來處理所有育兒上的問題。

遇到可疑的人怎麼辦？弄丟鑰匙結果進不了家門怎麼辦？……家長光是想像這些情況就感到不安。

但是，這種不安的情緒會直接發展成「干涉、矛盾、溺愛」這三大育兒風險。簡單來說，就是會阻礙小孩自立和成長，上述這些家長的育兒心態都充斥了這些風險。

擁有高度遠見的完美父母，都拚命地想要靠一己之力迴避育兒失敗的風險，卻又只會一味地擔心、無法信任孩子，也沒有餘力和機會反省自己的育兒方法，所以根本沒想到要建立信賴關係。

當然，我自己也有過這種內心糾葛。我會極度壓抑擔憂的情緒，堅持一定要努力克服。就算是在擔心大過於信賴的時期，我也會盡量在合理的範圍內伸手幫孩子一把。我從不幫孩子寫功課，也不會幫她整理書包。雖然女兒經常丟三落四，但我自己也是這樣，所以我只會對她說「妳跟媽媽一模一樣呢」，而不多加干涉。

我拚命地信賴孩子、逐漸增加「信賴」的分量後，一回神才發現「啊，我女兒不會弄丟鑰匙」。

因爲，孩子已經養成自主思考行動的能力了。

育兒是一趟將「擔憂」變成「信賴」的旅程，這也是我親身體驗後確定的事實。

孩子沒有叛逆期，才需要當心

然而，父母無法信任孩子，這不單只是父母本身的問題。這裡我們把焦點放在現代親子所生存的社會風氣吧。

學校和社會都不容許犯錯，要爲自己的行爲負責。萬一失敗、受挫了，也不能重來。親子都背負著在這種社會風氣下生存的壓力，內心充滿不安。

但父母不能因爲這樣，就把大腦尚未發育成熟的孩子送去學才藝、上補習班、投入運動訓練中。最好在擔憂和信賴各占一半的小學四年級（41頁「從擔憂到信賴」，10歲）時，重新反思一下自己的育兒方式。只會一味擔心而無法信任孩子的父母，若是繼續「干涉、矛盾、溺愛」下去，將來可能會造成嚴重的反撲。

這可以說是發生在無形之中的「小四危機」。這個時期會是一道分水嶺。

孩子升上小學五、六年級後，就會開始被老師視爲「哥哥姊姊」了，高年級學生在兒童學生會、委員會、運動會等校內例行活動中負責領導的場面也會越來越多。不負責領導工作的孩子，也會以同學的身分協助這些幹部，他們會在學校裡組成值得信賴的團體。

所以，雖然情況因人而異，不過大約在孩子小學六年級時，父母對他的信賴度會增加到60～70％（41頁「從擔憂到信賴」，12歲）。這個時期稱作「青春期前期」，是孩子開始萌生自我意識的時候。他們會開始用嚴厲的眼光觀察自己是什麼樣的人，親朋好友、老師是什麼樣的人。因此他們偶爾會和他人起衝突，或是反抗父母。

例如孩子會跟父母頂嘴，會開始罵些粗魯無禮的話。如果是男孩子，還會踹兄弟姊妹或母親，情緒暴躁時會拍桌子、亂揍東西。因爲孩子在這個時期會分泌許多性激素，影響到杏仁核、海馬迴等大腦裡的各個部位。杏仁核就位在海馬迴正上方，負責控制情緒。在青春期大量分泌性激素後，杏仁核會受到刺激，導致情緒爆發。

因此，父母就會忍不住皺眉，心想：「怎麼這一點小事就生氣不耐煩？」相對地，孩子自己也會充滿莫名其妙的情緒起伏，無法自制。由於孩子並不知道是性激素讓大腦想要反抗，所以會因爲自己對父母做出無心的謾罵而感到內疚，其實非常難受。

等到熬過這段時期、到了高中三年級的十八歲後，父母對孩子的信賴會來到大約95%，幾乎已經百分百了（41頁「從擔憂到信賴」，18歲）。

不過，我幾年前在大學授課時，曾經問學生「有過叛逆期的人請舉手」，結果一百人裡只有兩個人舉手。這堂課教的是大一、大二主修的「兒童發展」，因此我才想確認看看學生在國中以後是否有過叛逆期。

一百人裡有兩個人，只有2%而已。嗯？這怎麼可能。難道是他們覺得承認自己有青春期很丟臉嗎？還是只是想跟我唱反調？於是我就拿著麥克風走下台，開始到處訪問學生：「爲什麼你不反抗父母呢？」

結果他們的回答是：

「因爲我不覺得我媽講的話有什麼好生氣的啊。」

「沒有理由反抗。」

「我也不太清楚欸，我們全家人感情都很好。」

「因爲反抗很麻煩啊，聽話就好了。」

看著這群學生如何描述自己不反抗父母、一直維持著家庭和平的樣子，我只能搖頭，心想「你們太奇怪了吧」。

「各位同學，你們現在才十八歲，還來得及。回家以後要反抗你們的爸媽，對他們發牢騷！」

結果，全班都露出傻眼的表情，好像在問「老師你頭殼壞去了嗎？」

從這一年開始，我每年都會問學生同樣的問題。除了在新冠疫情升溫導致不能面對面上課的那一年，我沒辦法這麼做以外，其他每一年舉手承認「我有叛逆期」的學生，在八十到一百人當中都只有大約二到四人。

小孩沒有叛逆期，對父母來說或許樂得輕鬆，但我認爲這絕不是好事。因爲沒有叛逆期的小孩，在長大以後才爆發的例子並不算少數，這就是前面提到的「嚴重的反撲」。

無法信賴孩子的原因①：完美主義

有些父母因爲孩子繭居在家或長期的家暴問題，最後束手無策才來諮詢，其中有很多人隱約知道「自己的育兒方法可能不適合孩子」，卻還是沒有改變自己的觀念。

他們不願改變觀念的原因是什麼呢？首先，我們來探討一下學歷迷思父母過度擔心而不肯相信孩子的第一個原因：完美主義。

「我絕對不讓孩子吃來路不明的食材。」

在大企業裡上班、育有一個小學女兒的瑠美太太這麼說。她會定期訂購安心安全、印有生產者肖像的有機蔬菜、肉、魚等品牌食材，在週末時備好一個星期份的料、冷凍保存。她只會讓孩子吃自己用這些食材烹調的料理，從副食品開始，一直都使用同一品牌的食材。

她女兒在學校的成績也很出色，不論是運動還是樂器，任何才藝的表現都十分亮眼，是個能讓瑠美太太說出「覺得自己生了個完美小孩」、引以爲傲的孩子。她從小學三年級開始學習兒童鐵人三項，這也是她父親的興趣。她展現出傑出的才能，甚至在大賽中贏得兒童組的獎牌。

鐵人三項適合體重較輕的人。因此，這件事更加重了瑠美太太對食物的講究和完美主義的傾向。爲了減少孩子的進食量、同時增加肌肉量，她用更嚴格挑選的食材來烹調。這是高學歷又有高收入的家庭才能做到的程度。

女兒受到瑠美太太的完美主義影響，進行非常嚴厲的飲食控制。不僅如此，她也很努力訓練，一大早就會出門跑步。這對於體格尚未完全發育的小學生來說，實在是很辛苦。

結果，女兒漸漸食不下嚥。她是個認眞的孩子，還是會去上學，但根本吃不下營養午餐。就連在家裡，她也只能勉強吃進可以用手指夾起的兩、三個小飯糰而已。一轉眼，她就瘦得不成人形，體重只有同年齡標準體重的七成，在眾人的勸說下就醫後，被診斷出有「飲食障礙症」。即使明白了病因，她依然什麼也吃不下。

於是，她們母女輾轉來到了我這裡。我第一次見到擔心得驚慌失措的瑠美太太，還有瘦到眼眶凹陷、臉色蒼白的女兒時，大吃了一驚。當時她只有小學四年級而已。

我跟瑠美太太面談的同時，也和女兒培養了一下感情。在女兒慢慢開始願意對我傾訴時，我試著問她：「妳爲什麼吃不下呢？」

她的回答令我十分震驚。

「因爲媽媽太好了。」

媽媽學歷高，收入高，身材苗條，容貌秀麗，廚藝又好，簡直是全方位的完美，要是沒辦法變得像媽媽一樣，那就傷腦筋了。從小學三年級開始，我的身體就越長越大，這樣下去就沒辦法像媽媽一樣纖細了，所以覺得非常不安。或許是我努力過頭才會生病吧——事情大概就是這樣。

孩子說「媽媽太好了」，代表原因就出在母親很完美。可能是她「想要像」母親一樣的願望，在不知不覺中變成了「必須像」的強迫觀念，才會害她受苦。

飲食障礙是一種對環境或父母產生抗拒反應的顯著症狀，我見過有飲食障礙的孩子，幾乎都有家長過度講究飲食的問題。因爲父母長期講究飲食，導致孩子食不下嚥。這些父母大抵都有高學歷，凡事都要做得面面俱到。

我告訴瑠美太太：「這位媽媽，很抱歉，妳女兒的狀況可能有點嚴重。要是她不吃東西的話，最後就會撐不住了對吧？幸好妳在她倒下以前帶她來了。」她眼中泛淚，聽了我的建議。

之後，女兒開始慢慢進食，恢復原本的體重了。母親過於完美，對孩子來說是一種危險。我在這位女兒康復以後，這麼告訴瑠美太太：

「我知道媽媽妳很努力、很努力要做好母親的工作，但還是稍微偷懶一點吧。不一定要用有機蔬菜，偶爾不自己下廚，去外面吃飯也沒關係啊。」

完美主義的父母，大多是敏銳又容易受傷的人。他們很敏感，也能輕易察覺到不安的情緒。所以，他們會爲了避免負面的情況發生，竭盡全力去做好眼前的事，有些人甚至會嚴重溺愛孩子。他們的這種表現，等於是在告訴孩子「我很擔心你，不相信你能做好」。

將母親做的便當倒掉的資優生

有個當研究員的母親突然丟掉了電子鍋，理由是「飯還是要用砂鍋煮才好」。她要用砂鍋煮飯，所以不需要電子鍋了。她的三個孩子分別就讀小學、國中和高中，還是需要大人照顧的年紀，而且他們是雙薪家庭，居然還要每天用砂鍋煮飯。這讓每天都在思考怎樣做家事才有效率的我相當驚訝。

這位母親的丈夫同樣是研究員，工作更繁忙，根本沒空插手家事和育兒。母親雖然還不到一手包辦的程度，但應該非常辛苦。而且，她還堅持絕對不買現成的熟食，菜餚全部都是她親手料理。

除了講究三餐以外，她在接送孩子學才藝和補習時也從不遲到；還會將三個孩子從學校拿回來的通知單分別收進文件夾裡，打掃和洗衣等家事也都做得完美無缺。

然而，她就讀高中的長男卻沒辦法上學了。他一早就肚子絞痛，在廁所裡蹲了一個小時，就醫後診斷是腸躁症。諷刺的是，他說媽媽親手做的料理也會害他肚子痛，所以不願意再吃了。

我還聽說過另一個孩子的案例，他就像這位高中生一樣有完美的家庭教育。就讀完全中學的阿零，總是把母親做的便當倒掉，每天都偷偷倒進學校的垃圾桶裡。

阿零每天都會在母親的陪伴下讀書到深夜兩、三點，國中以前的成績都保持在全年級第一；但是升上高中以後，他的成績開始落後了。於是他去上補習班，以讀書爲重的高中生活讓他的壓力更大。即使如此，他也無法在表面上反抗母親。倒掉母親親手做的便當，對他來說是唯一可以反抗母親的方式。

母親完全沒發現這件事，但阿零的健康卻每況愈下。他在學校裡會臉色發青地昏倒，不知不覺上學時都只待在保健室裡。然而，阿零卻拜託班導師「千萬不要告訴我媽」，他不想再被母親擔心、干涉更多了。於是，他決定報名知名私立大學的推薦甄試，因爲他認爲自己根本沒有餘力去準備筆試。結果，他在母親絲毫沒有察覺他的健康有多糟糕的情況下，就這麼從高中畢業了。

我和像他這樣的孩子面談時，他們都會表現出「我爸媽很嚴厲」的態度。嚴厲並不是指說話的口吻，而是「父母的存在是沉重的負擔」。看來家長干涉得太過分了。

「媽媽是為了你才這麼努力，所以你也要努力喔」這種聲援在孩子看來，就是「強迫上陣」。父母「為了你好」所做的一舉一動，或許都是一種「強迫性的善意」。

雖然孩子想說「我沒有要你這麼做」，但反抗起來會很麻煩，所以乾脆閉嘴。**無法隨意說出真心話的扭曲親子關係，會造成孩子的壓力。當父母的越是努力，孩子就會變得越懦弱**。

見證過許多親子問題的我，覺得只要父母會親自下廚做飯，也會用現成的食物，能夠真心享受吃飯這件事，他們的小孩就不會有任何飲食障礙了。

無法信賴孩子的原因②：虛榮心

一位媽媽的小學五年級兒子患有失眠症，只能從深夜一點睡到三點。在他們來找我以前，已經四處求醫，都沒有得到想要的成效。每一家醫院的處方都能幫他們暫時改善症狀，但都無法持續。當時孩子也正在服用其他醫院的處方藥，變得能夠熟睡了。

雖然孩子的睡眠變深了，但是從一點睡到三點、拖到早上九點才起床的生活作息依然沒變，仍舊沒辦法去上學。

「既然他睡得著了，那就要想辦法早一點睡覺才行喔。」

每次我見到他們，我都會這樣勸母親：

「先讓他晚上十一點上床吧，不這樣的話後續會很難調整。我看過很多像妳兒子這樣的病人，大家都確實改善了，所以妳要相信他能做到早睡早起。」

結果，她的回應是：

「醫生您可能看了很多病人，也有很多人都做得到，但我兒子是唯一的例外，他不可能的。」

這位媽媽在求醫的過程中學到了很多，也具備醫學、科學的知識。理論上她能接受我的作法，但是，她似乎覺得我提出的建議是在否定她的觀念。

假如有家長這樣告訴我：「我兒子會在家裡大鬧，很傷腦筋。」

那我就會問她：「這樣啊，的確很傷腦筋呢。那在他吵鬧以前，媽媽妳對他說了什麼呢？」結果都證明是媽媽對孩子說了不適當的話。

於是我會建議媽媽「妳這樣說會讓孩子覺得自己被否定喔，不要劈頭就罵他『爲什麼不做？』可以改成問他『是不是哪裡不會？』」千萬不要用責備的口吻，要用和善的微笑對他說話。

即使如此，還是會有不少家長板起臉孔，要我寫轉院介紹信給他。我沒辦法阻止病患去其他醫院，所以也只能馬上回答「好」，然後幫忙寫信。

人只要一被戳到痛處，就會關上心門，不願意承認自己的過失。前面提到的所有例子，都是自尊心很高的家長常見的反應，只會一味地擔心，不願意信任包括自己孩子在內的所有人。他們在找到能夠滿足自己虛榮心的醫師以前，會一直這樣不停地求醫。

其中也有家長拿著介紹信去了別家醫院，過了幾個月後又回來的，理由是「我帶兒子去看了其他醫生，但兒子堅持要回來給成田醫生看病」。

過度強烈的虛榮心，往往與歧視心態有關。我發現高學歷又有完美主義的家長，都深信著「如果不讓孩子過著和我一樣的人生，就不會幸福」，而這個想法的背後就藏著歧視和偏見。

高學歷的父親會用激將法對孩子說「你這樣下去就考不上任何學校，以後會很辛苦喔」，學校老師也會說同樣的話。這些話的背後，不就藏著「上不了好學校的傢伙是廢物」的歧視心態嗎？

許多當醫生的家長，也都希望孩子繼承自己的衣缽。有一對醫師夫妻育有三個孩子，老大和老二不肯上學或離家出走，因此他們只好把「至少要有一個孩子當醫生」的夢想寄託在老么身上。這孩子被送去讀寄宿制的醫科補習班，已經重考第四次了。

前兩個孩子沒能從大學畢業，但這對醫師夫妻絲毫無意反省自己的育兒方法。他們干涉、矛盾、溺愛的問題全部都有，無法信賴孩子的心態導致全家分崩離析。

無法信賴孩子的原因③：孤獨

學歷迷思父母無法信賴孩子的原因，包含了父母的完美主義和虛榮心，而第三個原因就是「孤獨」和「孤立」。學歷迷思父母比任何人都加倍愛面子，不願意對外示弱。因此他們無法和別人商量，容易感到孤獨，也就沒有獲取新資訊和學習的機會。

不僅如此，高學歷父母大多從事需要高度專業能力的工作，像是醫師、律師、研究員、大眾傳媒業者、金融業者、公務員、教育人員、資訊科技業者，個個都是專家。

從互相分擔支援的「同儕支持」觀點來看，這群學歷迷思人士處於很難建立夥伴關係的環境。即便身爲母親會比較容易交到同樣在帶小孩的媽媽朋友，但高學歷者在職場上還是很難找到同樣需要育兒的同伴，或是能分擔煩惱、有共鳴、可以交換資訊的同伴。

她們雖然可以透過孩子就讀的學校找到同伴，但還是需要先跨越自尊心強、話不投機等各式各樣的門檻。

實際上，來找我的學歷迷思母親也都眞的沒有媽媽朋友。母親需要某種程度的同儕支持，但她們卻得不到，於是只能待在自己狹隘的小世界裡，而且因爲少子化只生一個孩子，結果不得不跟孩子大眼瞪小眼、在只有兩個人的環境裡育兒。

母親沒有任何範本，也沒有課本和參考書可以看，只能依照自己被養大的方式來養育小孩。她們只能依照自己的價值觀，得不到新的價值觀和客觀的意見，因此也學不到如何信賴孩子。

我回顧了自己的育兒經驗，要說孤獨的話確實很孤獨，不過幸運的是，我當時還可以依靠專門支援職業婦女的交流網站「麥田」（現已關站）。這是由勝間和代女士創建的網站，大家可以在上面匿名分享資訊，我也獲益良多。在二〇〇〇年左右生育的職業婦女，應該很多人都受過麥田的照顧。就某種意義來說，該網站成功扮演了高學歷母親的同儕支援角色。

但另一方面，父親根本沒有獲得同儕支援的管道。職場終歸是工作的地方，氣氛不適合聊孩子的話題，而且男人本來就不擅長談論私事。**很多父親不願意暴露自己的弱點，所以無法找人商量煩惱，容易感到孤獨，也得不到更多資訊，一直都處在干涉、矛盾、溺愛這些不當育兒造成的「風險」**之中。

男人的孤獨傾向，在新冠疫情期間變得更加顯著。

有位女性的丈夫因爲「實在無法忍受自我約束的生活」，會在傍晚出門去喝酒。丈夫會到附近熟人開的小店，說是要幫助別人（克服經營困難的問題），一直喝到半夜兩、三點才回家，讓她非常困擾。

「在這種店家都自主縮短營業時間的時期做這種事，實在令人火大。就算我晚上先上床睡覺，也遲遲無法入睡，心情還越來越低落、緊繃到受不了。」

即使我建議她想辦法告訴丈夫自己有多難受，她也只是搖頭表示難以啓齒。我很訝異怎麼會有這種溝通障礙，追根究底才發現，在疫情爆發以前，他們的夫妻關係就很脆弱了。

「我先生不喜歡我管他喝多少酒，所以我完全不會插嘴，他要吃飯我就煮給他吃，他要出門我也不會過問。」

不過，這位太太滴酒不沾，連看到酒瓶都討厭，所以不允許丈夫在家裡喝酒。因此丈夫才會在自我約束期間到處續攤喝酒。如果雙方都能稍微讓步就好了，但沒有人願意妥協，才會讓日子變得那麼苦悶。全家住在一起，卻是各過各的。家庭原本應該是最能讓人放鬆的地方，卻反而使人更緊繃。

難得全家人一起生活，卻沒有表現出大家要一起撐過疫情的羈絆。雖然家人之間沒有必要硬是綁在一起，但這樣的家感覺並不完整吧。即使有家人，卻十分孤獨。

我也曾經不被母親信賴

在某一年的梅雨季，我和同齡的朋友聊起雨傘。

「我有一把很喜歡的傘不見了。我第一次有傘可以用一年半欸，好像是帶著搭兩、三次車以後就忘在車上了。畢竟那把傘用了好久，害我好不甘心。」

朋友聽我說完以後回了一句話，讓我大爲震驚。

「我這輩子弄丟的傘有兩把，一把是淺藍色的圓點花紋，另一把是紅色的。那時我好難過喔。」

什麼？只有兩把？你跟我一樣活了幾十年，竟然只丟了兩把？

我算一算至少弄丟過五十把以上，搞不好其實有一百多把，所以我非常驚訝。我這一生花在雨傘上的錢是他的五十倍以上……

我從以前就是個丟三落四的孩子，除了雨傘以外，還有課本、筆記本、文具

（尤其是橡皮擦）等，每天都會弄丟東西。每次只要我弄丟東西，婚前當過臨床心理師的母親就會痛罵我一頓。我連普通的小事都做不好，惹得母親非常焦躁。就算我考了一百分，她也從來不曾稱讚我很用功。

我前面提到很多小孩不受父母信賴而受苦的情況，其實我也曾經是「不被信賴」的孩子。

我在小學三年級的時候轉學，新學校要從我家走一段陡峭的下坡路過去。早上我會走路上學，放學則是搭公車，每天都要從媽媽那裡拿一張回數票搭公車回家。由於我沒有朋友，總是一個人上下課。

有一天，我拿著回數票走到公車站牌，但是抵達站牌後，才發現原本握在手上的回數票不翼而飛。驚慌失措的我急忙沿著走來的路往回找，卻沒有找到。啊，怎麼辦，這樣就回不了家了。我哭喪著臉，提心吊膽地走進公車站牌旁邊的柑仔店。

那時我剛從東北地區轉學到關西，拚命忍著淚水將自己的遭遇告訴柑仔店的阿姨。她聽了以後，安慰我「那眞糟糕啊，妳等一下哦」，隨後往我的手裡塞了一點零錢。

「妳就用這個搭公車回家吧，錢以後再還我就好了。」

我大受感動。不過我以前是個彆扭的孩子，不確定自己當時有沒有好好道謝。總之我久違地懷著高興的心情搭上公車，平安回到家了。

我興高采烈地把事情的經過告訴母親，我小時候不太會笑，不過那個時候我應該露出了眉飛色舞的表情吧。

然而出乎意料的是，母親竟然劈頭大罵：

「妳爲什麼要這麼做？跟人借錢太丟臉了，而且還是跟陌生人。妳每天都走下坡去上學，回來只要走上坡不就好了嗎！」

原、原來是這樣！小學三年級的我根本沒有想到能這樣做，因爲我以爲早上就是要走路、回家就是要搭公車。

母親說的完全沒有錯，她或許是太過擔心才會對我生氣。但我遺憾的是，如果當初她能對向柑仔店借錢回家的女兒多點信賴就好了。

母親的這句話一直扎在我的心上。這件事也是我強烈主張「不要過度跟孩子講道理」的起點。其實那個時候，我希望母親能對我說：

「妳好棒喔。幸好妳有勇敢開口找到好人幫忙，眞是太好了。明天我們一起去向借妳公車錢的阿姨道謝吧。」

因此自從我開始懂事以後，我就感覺到「我的人生好坎坷，好辛苦啊」。

在我弄丟回數票的小學三年級以前，我記憶中最早經歷的失敗是在五歲的時候。我和小兩歲的妹妹曾經在祖父母居住的福島縣磐城市迷路了兩個小時。我完全不知道該往哪裡走才能回家，就杵在農田裡，腦袋一片空白。

不安、孤獨和恐懼就快要把我壓垮，但我還是拚命拉著妹妹的手往前走，結果奇蹟似地抵達祖父母家了。我大哭著衝進家門，卻得到母親冷眼相待：

「妳是笨蛋嗎？這麼簡單的路也會走失。」

她抱起妹妹、毫不猶豫地回到屋裡，把我留在玄關。至今這一幕仍清晰地烙印在我的記憶裡。或許，那是我有生以來第一次體會活著有多辛苦。

我在這個經驗之後又經歷了許多失敗，體會到正是這麼多的失敗，才造就現在的我。但是，我卻一點都不希望自己的女兒跟我接觸過的孩子，和我有相同的境遇。

會遭遇假親友詐騙的親子，有這些特徵

我和讀大學的女兒一起看了「匯款詐騙（假親友詐騙）的真實狀況和預防方法」這個電視特別節目。雖然警察已經嚴加取締了，但最近的詐騙手法卻變得更巧妙了。詐騙分子會先取得詳細的個資再打電話，讓受害者在無意間受騙上當。雖然實際的被害者並沒有露面演出，但是看了電視上還原現場的情境影片後，我和女兒面面相覷。

影片裡有一名男子假冒是老婦人的兒子打電話來，起初兩人只是閒話家常就結束通話了，男子取得老婦人的信任後，第二次來電時就要求她匯款。

「是我啦，我害客戶損失了八十萬，今天一定要補回去，否則就完蛋了。」

老婦人聽了便不疑有他，趕緊把八十萬匯到男子指定的帳戶。

電視台實際訪問受害者時問道：「您當時是怎麼想的呢？」

結果老婦人和她丈夫異口同聲地回答：

「我兒子拚命努力才當上分行的副總經理，我想說要是這件事害他升不上總經理的話，那就太可憐了，根本顧不了那麼多。」

既然兒子已當上銀行分行的副總經理，代表年紀已經超過四十歲了，老婦人卻覺得這麼大的兒子犯了錯好可憐，二話不說就拿出八十萬。

我女兒看了馬上驚呼：「哇～太離譜了！」

她還搖頭接著說：「那是他自己犯的錯，打電話給父母幹嘛？是我的話根本不可能做這種事，就算我打了電話，妳應該也只會回我『所以呢？』」。

一點也沒錯。如果有佯裝我女兒的壞人打這種電話來，我一定會這樣回她：「哦，那眞的完蛋了呢。蛤？當不上總經理？妳怎麼會想當總經理啊，我應該沒有這樣教過妳吧……妳還眞了不起啊！」

壞人大概會不知所措地掛掉電話吧。

然而，匯款詐騙在歐美國家卻鮮少發生。聽說，這種針對親情的詐騙是日本、韓國、中國等東亞特有的犯罪模式。根據日本警察廳的資料，在二〇二〇年冒充親友的「匯款詐騙」受害案件有六四〇七件，受害總金額高達一二六億一千萬日圓。

我認爲這種犯罪的根基，就在於日本常見的親子依存關係，從中可以清楚看出父母覺得孩子可憐、出於擔憂而無條件幫助孩子的心態。或許是我們自己養成了這種容易遭到匯款詐騙的親子關係。

告訴父母「全心全意信賴孩子」，是我們育兒的最終目標。**孩子的行爲蘊藏著危險，一旦忽略就會導致孩子犯錯；但就算父母看見這些風險，只要無關生死，就必須堅持「相信他、等待他、守護他」**。父母所謂的「好可憐」或「爲你好」，並不會帶來什麼好結果。

為何詐騙集團鮮少冒充女生？

匯款詐騙又叫作「假親友詐騙」，然而受害者卻大多是有兒子的母親，鮮少聽說有女兒的母親受害。

母親雖然也會用充滿溺愛、干涉和矛盾的方式養育女兒，但在女兒成年後，共依存關係就會變淡，不會再過度保護女兒。

相較之下，母親對兒子比對女兒更容易陷入依存關係，會一直在各方面過度保護、干涉兒子。日本比其他國家更容易發生匯款詐騙的背景，或許就在於母親對兒子的溺愛。

有兒子的母親容易受害的另一個原因，就是母子關係的兩性差異。母親和女兒經常會彼此分享週末要去哪裡玩、現在有什麼煩惱等。但是，兒子並不會跟母親說這麼多，所以母親很少在電話裡聽到兒子的聲音。對母親來說，兒子不僅更有神秘感，而且突然打電話回家的舉動可能還會讓她感到開心。所以，要是電話那一頭傳來含糊不清的求助，母親就會心神不寧地趕緊匯出鉅款了。

我在醫院門診見到的高學歷家庭親子，「兩性差異」會隨著孩子的年齡增長越來越明顯。

如果是國中年紀的女生，就會反抗母親，偶爾還會展現出暴力等攻擊傾向；不過在女生接近成年後，攻擊性通常就會變小，主要症狀是自閉、不安或抑鬱；二十歲以後的女生則是幾乎不會對母親施暴。

另一方面，國中年紀的男生對母親的依賴、順從大過於攻擊性，很明顯會黏著母親。甚至還有小男生因為晚上怕黑，而跟母親手牽手同床共寢。

然而男生在二十歲以後要是變成家裡蹲，就會對母親展現嚴重的暴力傾向，讓母親泣訴：「這孩子本來很乖，怎麼會變成這樣？」

這些問題家庭都有個與性別無關的共同點，就是父親的存在感非常薄弱。

匯款詐騙中有錯的是加害人，受害者也並非全都是憂心忡忡的母親。但是，母親為什麼要為已經成年的四十、五十歲以上的孩子匯出鉅款呢？這時我腦海中想到的，是一位一直照料成年兒子生活的母親。

這位母親早上會叫二十歲的兒子起床，幫他準備好三餐，犧牲睡眠時間、整天拚命工作。

但兒子卻蹲在家裡沒事做，整天都在打線上遊戲。即使如此，母親仍理所當然地幫他做了很多飯菜放進冰箱裡，叮嚀他要早點起床，然後就出門上班了。

我最訝異的是，爲什麼母親不對兒子說：「媽媽每天都很忙，但你都閒在家裡，我想你一定有辦法自己煮東西吃，所以以後我不會再幫你做飯了。我給你錢，你自己去買菜，可以的話就連我的份也一起煮。我最晚要在早上六點半吃早餐，否則上班會遲到，你要在那之前做好早餐。」

因爲在我女兒準備重考那一年，我就是這麼對她說的。她高中畢業後每天都在家，沒有去任何地方上課打工。既然如此，我便馬上提議要她分擔家務。

女兒答應後，每天都參考食譜網站做了各式各樣的菜餚，讓我很期待下班回家吃飯。早上來到餐桌時，也已經有熱騰騰的早餐在等著我。

身爲母親，我的內心當然還是有點矛盾。

「我讓她做這麼多家事，萬一害她明年還是沒考上的話怎麼辦？」要說我不焦慮是騙人的。不過，倘若我先顧及這個疑慮，單方面斷定「要是讓妳做家事的話，妳明年也會落榜，所以妳還是以讀書優先」，那會怎麼樣？

被父母「可憐」的孩子是不會努力的，這樣女兒會變成「不受最親近的母親信賴的可憐孩子」，這比考不上學校更值得我擔憂。

好壓力與壞壓力

我在演講和講座活動上，都會這樣告訴聽眾：

「育兒就是把對孩子的擔憂變成信賴。」

但是，大多數人卻堅信將人導向正途的最佳良藥就是「憂慮」。他們的想法是

「人要有憂患意識才會改變。」

「只要有自己必須改變現狀的憂慮，就會產生動力。」

這些憂慮在我看來都是「壓力」。大人總是相信孩子要有壓力才會成長。尤其是希望孩子擁有遠大目標的父母，經常會給孩子強烈的壓力。壓力對孩子的成長來說是好，還是壞呢？

其實，壓力也有好壓力與壞壓力之分。就像膽固醇有好膽固醇和壞膽固醇，腸內菌也有好菌和壞菌一樣。

我們承受壓力時會分泌出一種壓力荷爾蒙，叫作皮質醇（一種腎上腺皮質激素），它會使血管收縮、血壓上升，在體內製造葡萄糖（血糖）、提高血糖值，以便因應壓力。這是人體很重要的防衛機能，但要是壓力慢性化，就會對身心造成各種不良影響。

例如我們會非常害怕自己做不好而被人大罵，或是唯恐自己做出會挨罵的事，不斷想著「爲什麼我一點創意也沒有呢，我果然沒有那個能力」或是「我不適合這份工作」等。壞的壓力就會像這樣讓身心狀況惡化，自我肯定感薄弱的人容易有這種情況。

相較之下，也有會**激發腎上腺素、讓人幹勁十足的好壓力。這並不是別人施加的壓力，而是「自己給自己的壓力」**。

假設我正在寫稿，想著「這篇文章不行，需要更有感染力，得想點辦法」時，就會分泌出大量的腎上腺素、能夠專心書寫，這就是好壓力帶來的影響，在運動方面所說的「適度的緊張」就是指這種壓力。

不過，如果**要讓好壓力妥善發揮功用，最重要的是保持心理健康。要睡得好，**

在良好的環境下思考，這樣才能調整好有助於保持正向心態的額葉功能，讓我們能進行合乎邏輯的思考。只要一思考，憂慮造成的輕度壓力就會幫我們踩下油門，讓頭腦和身體都開始活動。也就是說，只要身心狀況良好，壓力就會變成好東西。

心靈就是「大腦」。所以，我們必須有意識地調整好大腦的狀況。這樣自律神經會更穩定，身體狀況也會更好。壓力是好是壞，取決於大腦是否健康。

不再畫圖的天才兒童

幼兒在畫圖時，都會用一枝黑色蠟筆從頭塗到尾，或是用藍色來畫太陽，展現出趣味十足的感性。但是，有個母親卻認爲這樣不妥，來找我商量孩子的「異常表現」。她會嚴重干涉五歲女兒小舞的一舉一動。

因此，我告訴她：「仔細想想，她應該不知道太陽是什麼顏色。小孩甚至連太陽是什麼都還不太清楚吧？」但這位母親不接受這個說法，認爲女兒把蘋果畫成藍色或綠色、把樹畫成黑色是「錯的」。所以，她會想要修改女兒畫的圖。雖然這位母親沒有說得很具體，但她實際上應該是眞的動手改了。

或許是因爲這樣，小舞有一天開始就再也不畫圖了。

後來，在小舞上了小學、年滿七歲以後，她來參加一場兒童節活動。這場活動的企畫是把小孩與父母分開，只讓小孩自由混合漿糊和顏料，在畫布上畫出油畫風格的圖畫。

活動開始後，其他孩子全都興沖沖地開始畫，而不出所料的是，只有小舞一動也不動。在活動人員多次提醒她「今天媽媽不會來（這裡）喔」，她才終於拿起畫筆。

她開始畫圖了，而且畫出來的作品非常棒。不只是活動人員，連其他孩子也擠過來看這幅生動的抽象畫。這種水準實在不像出自小學一年級學生的手筆。其他男生通常會畫恐龍或汽車，女生則是畫朋友、家人和花園之類的圖畫，只有小舞的畫充滿了穿透人心的力量。

「好厲害！根本是天才吧？」就連我也跟著一起歡呼。不曉得是不是因為很開心的緣故，小舞又接著開始在新的畫布上盡情作畫。

其實，小舞有不適應校園生活的狀況，她會不經老師點名就擅自發言。雖然這不算是很強烈的特性，但老師經常指出她的過失，而不喜歡她這樣的母親就會過度干涉她的行為。因此，小舞內心的不安越來越大，只要一被母親責罵就會尖叫，哭泣整整半小時以上。

當小舞在活動裡畫畫以後，我和她母親商量了一番，讓她轉學到可以自由學習的私立小學。那裡的老師會讓學生展現自我，這位母親也不再壓抑她了。小舞轉學前經常遺失物品，所以母親不斷插手幫忙，但是當母親徹底放手以後，小舞就有了驚人的成長。

可能是小舞感受到母親的信賴吧，她開始能夠獨立自主地行動，之後在學校也沒有出現任何異常行為，還會主動讀書，天曉得她在前一所學校其實從來沒寫過功課。

由於新學校是私立的，因此班級是各個科目按照學力來分班。小舞後來還很自豪地告訴我們：「我的幾何和代數科被分到最高級，還有，理科也是最高的喔。」

母親也對她的大幅轉變感到難以置信。

「在她一年級的時候，不管我嘮叨多久，她不會做就是不會做；現在居然不用我說就自己做得這麼好，嚇死我了。」

在教育方面，常說到如果想提高孩子的成績，「最重要的是讓孩子產生危機意識」。就前面的例子來看，此言不假。不過根據我們的理論，這個方法要在十歲以後才有效。而且只有對大腦額葉功能正常、腦部基礎已經發育完成的孩子才有可能。

但是，**只會一味擔心卻不肯信賴孩子的父母，會在孩子的腦部基礎尚未完成時就給他們壓力**。

我曾經遇過一位母親會坐在孩子書桌旁邊監視他讀書，直到深夜兩點。如果一直不讓孩子在正確的時段睡覺，只會爲他灌輸危機意識，那就會造成壞的壓力。

相較之下，好壓力的運作就像接下來的這個例子。

有個不肯上學的高中女生多次來諮詢，生活作息越來越正常以後，她向母親坦承「想要多休學一年」。結果母親笑著回答「哎呀，這是你自己思考得到的結論嗎？很好啊」。結果，這個女生似乎鬆了一口氣，接著說「不過我還是想要跟大家一起讀書，還在考慮是不是該去上學，我也想要打工」，而且她已經去找工作了。

母親十分驚訝地說：「嚇我一跳，妳居然自己去面試了，妳不是說不想接觸陌生人嗎？」看來這個女生是因爲得到母親的認同，才開始給自己「不能這樣得過且過」的壓力吧，她成功發揮了好壓力的功能。

有父母認同的孩子所產生的力量，大到遠遠超乎我們的想像。「認同孩子最真實的模樣」，這個行爲需要父母對孩子的信賴才能夠實現。

只要父母相信孩子，好壓力和主體性的力量就會讓孩子順利成長。

第3章

玻璃心的
學歷迷思親子

飽受生母陰影所苦的母親

「妳要睡到什麼時候？快給我起床，妳今天也不打算上學嗎？」

由紀被母親叫醒，連忙從床上一躍而起。她總是在晚上就寢後，迷迷糊糊地被夢中生氣的母親叫醒。

由紀是一名大學教師，因爲女兒拒絕上學而找我求助。就讀私立中學的女兒在調整好生活作息、由紀也不再過度干涉之後，狀況便逐漸改善，最後願意去上學了。

雖然女兒恢復了活力，但由紀的表情依然十分凝重。於是我試探她了一下，她表示自己突然開始聽得見六年前過世母親的聲音，一入睡就會聽到母親的怒罵而驚醒。我詢問她母親的爲人後，才知道她母親是補習班的老師，家教非常嚴格。她的母親也是高學歷者，和父親一起在知名升學補習班裡擔任講師。

由紀沒能考上私立中學，才剛進入公立國中就讀，就被迫去補習。只要她考試分數太差，母親就會罰她不准吃晚餐。就連交朋友和談戀愛也都處處受阻。

「這像老師的小孩考出來的分數嗎？」

「妳根本沒在念書，所以我就說妳沒用嘛。」

由紀的成長過程中，經常遭到母親這樣貶抑。

「我不想變成像我媽那樣的母親，但最後我還是讓女兒去考國中了，只要她失敗或表現不好，我的腦海裡就會響起母親的聲音，罵我『所以我就說妳沒用』。」

這是創傷（陰影）、深度的心理傷害沒有痊癒所引發的症狀。

在由紀的女兒還小時，依然健在的母親就曾經用篤定的口吻說：「這孩子跟你一樣，反應太遲鈍了。不多督促她一下的話，以後會很慘喔。」雖然由紀在內心回嘴：「很慘是什麼意思？妳懂個屁！」不過她這一生只有眞正反抗過母親一次，是在她準備考大學時，她沒有選擇母親要她讀的教育學系，而是報考了有自己感興趣的環境保護科系的大學。

「那時她痛罵了我一頓。在我記憶中，我媽從來沒有稱讚過我。至今我才發現，原來母親一直陰魂不散。」

由紀在生下女兒後，跟丈夫離了婚。當時她明明不喜歡自己的母親，卻還是選擇投靠娘家。

「她問我要不要先回家，畢竟我還帶著這麼小的孩子。因爲我爸很早就過世了，我想說我媽一個人住也很寂寞，所以就……」

儘管母女同住只會讓自己精神受創，但由紀還是無法跟母親斷絕關係。在她成年後依然持續母女的依存關係。接下來發生的問題多到超乎她的想像，導致她出現憂鬱症狀，有時甚至臥床不起。加上母親也抱怨照顧孫女很辛苦，於是由紀就趁著換到其他大學工作的時機，帶著女兒逃離娘家了。

然而在她離家後沒過多久，母親就驟然去世。

由紀至今仍痛苦不已，是因爲母親那一句「妳沒用」始終烙印在腦海裡。父母的影響不論是好是壞，都會一直留在我們心中。雖然她內心想著「才不是這樣。我已經有社會地位了，女兒也恢復正常了，我很好」，但她還是會因爲突如其來的幻聽和挨罵的夢境而受傷。

母親死後，由紀或許還因爲沒能見母親最後一面的罪惡感而做了惡夢，看來她自己也需要改善睡眠才行。

學歷至上主義父母的「雪恥型育兒」

有些人會把育兒當作爲自己的人生雪恥，太想讓孩子得到比自己更高的學歷、過更好的人生，而持續過度干涉、矛盾、溺愛。這類父母把孩子的人生當成自己的生存價值，簡單說就是依賴孩子。這是我最不樂見的親子關係模式。

渴望雪恥的父母在育兒過程中很躁進，往往會讓孩子從小就上補習班、提早接受教育。最後終點是「考上頂尖大學」，而孩子也努力用功跟上、達成目標。但是在達成目標後，孩子的上進心就會頓時歸零，變得無法去大學上課，或是在大學畢業後心理崩潰。等孩子成年後才驚覺自己養育失當——落入這種狀況的父母並不在少數。

愛子太太在女兒滿三歲時讓她去上體操教室。女兒升上小學後，更是一週七天都去練習體操，還加上英語會話、鋼琴，一個星期就要上九堂才藝課。或許是學習有成，女兒除了體操以外，所有運動樣樣精通，學業成績也名列前茅，正是大家所謂的「神童」。

「女兒要成爲競技體操的奧運選手。」

愛子有了這個目標，也讓女兒順利考進了第一志願的完全中學。當時，愛子的目標變得更加具體，「女兒要參加奧運的競技體操項目，還要考上國立大學醫學系」，因爲她的丈夫是個醫生。

然而，神童的光環常常只會展現在兒童時期。女兒升上高中部、按學力分班後進入了後段班。從那個時候開始，她不再勤奮練習體操了。只注重表面結果的愛子和女兒的關係，當然也從此惡化。

後來，女兒放棄了體操，變得暴飲暴食、有反社會行爲，不肯去上學，也多次離家出走。愛子覺得自己無法應付，只好把女兒送到遠方的外婆家，由外婆照顧。

不肯去高中上學的女兒轉而就讀函授學校，後來進入母親和外婆選擇的物理治療師培訓學校，但是半年就退學、跑去跟男人同居，打死都不肯告訴她們住家地址。

現在愛子的家庭分崩離析，她和丈夫也離開了原本的家，房子形同廢墟。這就是育兒失當的問題在孩子成年後才顯現出來、演變成整個家庭問題的典型案例。

其實愛子本身考大學的目標就是醫學系，但夢想沒有實現。當年的挫折變成了她的心理創傷。後來她進入知名女子大學的其他科系，畢業後不久便和當醫師的丈夫結婚了。

在醫師家庭裡，往往都有孩子應該也要當醫生的觀念。和醫師丈夫結婚的愛子，或許是想讓孩子當上醫生，藉此消除自己的心理創傷，這就是雪恥型的育兒方式。

「雪恥型育兒」會讓孩子後繼無力

另一對母子的目標是律師。父母都畢業於東京大學法學部，父親是律師。兒子從小學開始就會主動讀書到深夜，高中時出國留學，英語能力也大幅進步。因爲留學的關係，他的課業進度原本落後了一學年，但他拚命讀書拿學分，最後沒有留級就畢業了。

雖然他的目標是東大法學部，但因爲考試成績差了一點點，只能進入其他大學就讀，不過他希望在學期間可以通過司法考試，於是又去補習班發憤念書。

他就是在那個時候，在大學三年級的夏天徹底切斷了與周遭的聯繫。後來他畢業找到了工作，在一般企業上班，沒能當上律師。他不斷發憤念書，結果就是後繼無力。

母親大概是無法接受兒子放棄司法考試，把他趕出了家門。兒子小時候受到溺愛，直到高中都是由母親早晚接送上下學，從來不曾和朋友出去玩過。這正是典型的親子依存關係。

原本兒子一心只想著「感謝媽媽照顧」，但在他發現母親採取的是雪恥型教育、自己成了母親的替代品以後，灰心和憎恨的負面情緒頓時席捲了他。

母親也是一翻兩瞪眼，輕易拋棄了沒有成就的孩子。說拋棄或許有點冷酷，但雪恥型的父母對孩子的愛通常都是有條件的。他們認定孩子是自己的私人財產，是一種東西，只要發現東西「沒用」就可以丟掉。他們大概就是用這種感覺看待自己的孩子。

父母這樣的態度，也反映出他們是藉由拋棄孩子來保全自己。他們不願承認自己的育兒方式錯誤，而且要面對自己的失敗實在太痛苦了，所以拚命想要捍衛自己的「好」，這也可以說是學歷迷思父母常有的創傷。

當然並非所有人都是如此。也是有家庭能夠順利妥協，即使有一段時間很不順利，但依然努力重建了親子關係。不過就我接觸過的案例來看，雪恥型父母後來往往會遭到壓抑的孩子嚴重反撲。

例如孩子將來會說「才不是我自己想考試」，或是因爲被父母強迫運動和學才藝而產生陰影、哭著坦承「其實我一點都不喜歡」。

金錢觀偏差的父母

在美國有個習俗，就是祖父母等親戚會在孩子生日當天買股票送他。所以，對美國孩子來說，投資就是生活。他們會自己設法增加更多錢，很早就開始接受經濟學教育。由於他們是這樣培養金錢價值觀的，因此想讀大學的高中生會自己拚命在校拿到好成績，才能爭取獎學金上大學。

另一方面，日本的孩子則會滿不在乎地說「自己要多少錢，父母就會給多少」「父母叫我上大學我才念的，但我自己沒有特別想要學這些」等，完全沒有意識到補習或才藝班學費等每個月數萬日圓的開支，都是由父母支付。會任性地說出「今天請假是因爲不想上課」的孩子，似乎並不了解要賺到一堂才藝課的學費，需要付出多少勞力。

之所以會有這種情況，是因爲父母並沒有教育孩子金錢的可貴，讓他們知道

「金錢的價值」，覺得要教小孩這些很麻煩。儘管如此，父母卻會期待「我在孩子身上花了這麼多錢，希望他能考進好大學、進好公司賺大錢當作給我的回報」。

這個現象反映出一種很嚴重的偏差。小孩子必須理解金錢的價值，但學歷迷思家庭卻大多不會給小孩適當的經濟學教育，因爲他們收入高、經濟十分寬裕。

這種人通常會把這些話掛在嘴邊：

「我想讓小孩得到我以前得到過的好處。」

「我自己也是上補習班、從私立的中高大直升學校畢業，所以希望孩子也能這樣一路讀下去。」

有人是想讓孩子複製自己過去的良好經驗，不過在這些千辛萬苦才得到財富和學歷的父母當中，也有人是因爲曾經窮到有了心理陰影。他們的說法是：

「我不想讓孩子那麼辛苦。」

「我不想讓孩子爲錢煩惱。」

不論是前者還是後者，這些父母都不吝於支付孩子的補習費。可能有些孩子沒有接受經濟教育卻還是成功了，但至少來找我諮詢的親子，很明顯都失敗了。爲孩子投注大量金錢，卻適得其反。

看來家長對於孩子可能以爲「錢要多少有多少」這件事，沒有足夠的警覺。

具體來說，很多家庭都沒有爲孩子安排零用錢制度。孩子想要什麼、需要什麼，只要說一聲，母親就會直接掏錢出來，而不太會去詳細了解內情。我舉個更清楚的例子，假設孩子說想買個要價三千日圓的東西，母親給出一張五千圓鈔票，事情就結束了，多出的兩千日圓也不必歸還。

退一百步來說，就算幫小孩買必需品是好事，但給他超出物品價值的金錢，似乎就不太妥當了。

父母這種鬆散的經濟觀念，會直接傳給小孩。我遇過的孩子當中，會從父母的皮包裡偷錢，或是引發偷竊等財務糾紛的案例，家裡幾乎都沒有零用錢制度。甚至還有所謂的成年男性「啃老族」放話說「要一輩子靠父母養」。但是當我反問他「那等到再也不能靠父母、沒錢以後要怎麼辦？」他卻只是沉默不語。

說穿了，最大的問題還是經濟教育失敗。由於這個問題大多發生在前述的高收入家庭，因此「扶養費」就會無限上漲。扶養費是指將孩子養到成年的花費。根據

「網路調查育兒費用相關報告書」（Like U），小學生需要的養育費用包含餐費、學費在內，每月平均約十萬日圓。這樣一年就要一百二十萬，假設家庭年收入是四百萬，扶養費就占了約30％。但如果年收有一千萬，因爲家計相當寬裕，於是就會出現花錢如流水的傾向。這種家長都會主張「爲了孩子的幸福著想，花錢可以讓他避免受苦」。

然而，我並不認爲這是好事。**不論家裡多富有，都應該要設定一個金額上限，不讓孩子花到超出限制的金額。而設定上限的方法之一就是「零用錢制度」**。

孩子每個月只能花用固定的金額，如果想買昂貴物品，就自己想辦法儲蓄。重要的是讓孩子從小就有理財的經驗。沒有累積過這種經驗的孩子，將來長大可能就會信用破產，或是陷入高利貸地獄。

學歷迷思親子的「心理韌性」很差

現代人重視的心理韌性，也就是「危機處理能力」，是由自我肯定感、社會化、社會支持這三個部分構成。

①自我肯定感：相信自己總會有辦法的能力。

②社會化：與他人合作解決各種問題的能力。

③社會支持：感受到眾人幫助的能力。

前面我已經舉過很多例子，說明了高學歷家庭裡的孩子自我肯定感低落，也給人社會化不足的印象。在少子化的今天，一般家庭都是生兩個，獨生子女也不少。因此，孩子與他人合作解決問題的機會也變少了，於是沒能學到合作的方法和溝通的能力。

第三點的社會支持，是最大的問題所在。高學歷家長都以爲所謂的獨立，就是一個人可以處理所有事情，常常以爲獨立就是自己賺錢，可以自己支付居住費、水電費、餐費後，還能過著「寬裕的生活」。他們對獨立的想像，都與金錢有關。

舉例來說，如果問學歷迷思父母「什麼是獨立？」大多數人都會回答「自己包辦所有事情」。他們或許也是因此才想讓孩子擁有高學歷，這樣人生會更保險。但是，沒有人可以保證自己能賺到足以應付所有開銷的收入。而且，「能夠自己應付所有開銷」，就等於爲自己負責。這種對獨立的想像，難道不扭曲嗎？

在經濟上爲自己負責，是獨立自主的一大要素。

或許因爲父母都是這樣教的，所以小孩才不敢求助他人，認爲要別人幫助很丟臉。不想被人看扁，不想讓人看見自己的懦弱。不必要的自尊會妨礙孩子接受社會支持。孩子不願意伸手求助，就無法感受到自己是在周遭的人支持下才能生存。

諸事不順、心靈受挫時，也無法依靠任何人，這麼一來就發揮不出心理韌性。

我經常可以感覺到，年輕人似乎都缺乏這種心理韌性。

我聽過一名醫學系學生因爲討厭解剖實習而不願意去上課。解剖實習是必修課，要拿到學分才能從醫學系畢業。學生不只是要感謝大體，也要感謝答應捐贈大體的遺族給自己學習的機會。面對大體，與之對話。我們藉由體會生命的尊嚴，才能站在行醫之道的入口。

實習過程中可能會感到害怕或驚嚇，但這是醫學相關人士的基本功。進入醫學系，就是要面對包含大體在內的人類身體，面對人類的生命。

所以，在學生對實習產生抗拒的那一刻，只要向身邊的人求助，肯定會有解決的辦法。但不必要的自尊心作祟，會使人無法開口求助，最終無法克服危機。

要是一個弄不好，就會演變成長期曠課、退學。之所以會這樣，就是因爲有不少學生都只是爲了取得高學歷才考進醫學系，而不是想當醫生。

護理系也是一樣，學生會因爲不想實習而中途退學，就我所知有好幾個人都是如此。他們的理由都是實習太難了，說畢業就職後「必須應付各種病患，實在太煎熬」所以才放棄學業。

但是追根究底，所有工作都需要面對他人。研究員一定要在團隊中與人合作，自由工作者也需要跟客戶往來才能接到案子。學習社會化、適度接受社會支持，也是邁向成功人生的一大要素。

第4章

學歷迷思父母會偏向「錯誤的早期教育」

讓五歲孩子學三角函數的父母

現在這個時代，學歷高的父母都會想讓孩子盡早受教育。若是獨生子女會更嚴重，家長會為了「千萬不能讓孩子失敗」，而在孩子很小的時候就送他去讀幼幼班。

有些幼稚園會教三歲的孩子學九九乘法，讓他們每天背誦，孩子還眞的就背起來了。

「我家孩子就是學不會三角函數。」用爲難的表情說出這句話的母親，兒子只有五歲。而另一位母親接著說：「我家孩子是二次函數，早就放棄了。」我忍不住懷疑她眞的給孩子學二次函數嗎？但這就是現實。

五歲學三角函數和二次函數，三歲背九九乘法表，在我看來根本沒有意義。

因為孩子根本沒有理解這些內容，只是死背而已。如果家長能反思「為什麼要這麼做」，應該就會明白了，但他們就是沒發現。

有位母親回答「我是為孩子的幸福著想才這麼做」，意思是這麼做是為了孩子好。

她的觀點是：「孩子贏在起跑點，以後才不會傷腦筋。這有什麼不對？」

但是，這不就是將孩子培育成在年紀還小的「現在」就達到人生的最高峰嗎？

卯足全力投入早期教育的高學歷家長，至少有一點和我的看法相同，那就是「孩子有無限的潛能」。

不過，我們的方法截然不同。簡單來說，這些家長完全搞錯了**「培育大腦的順序」**。**如果沒有搞錯這個「順序」，肯定就能激發孩子的潛能。**

在這一章，我就搭配實例來解說培育大腦的正確順序。

每週上六堂才藝班的小孩

小武是個獨生子，父親是研究員，母親則是醫療專業人員。他從兩歲開始上幼兒體操教室，三歲開始進行幼兒學習和彈鋼琴，接著又去上英語會話班，他每一項都做得很開心，連老師都稱讚他「有才華」。由於他本人並不排斥，父母也對他寄予厚望，所以父母也馬不停蹄地每週接送他去上六堂才藝課。

他一歲就進入托嬰中心，雖然他總是好動到坐不住，不過這裡的風氣原本就很自由，因此他的行爲並沒有特別醒目，反而比其他孩子更博學，就像個孩子王一樣。然而在他升上小學以後，情況卻急轉直下。

從低年級開始，小武的班導師就常常告知家長他會在上課時間在教室裡走來走去，對班上同學動手動腳，不肯寫功課，經常忘東忘西。導師請家長「在家要好好盯著他」，讓父母很傷腦筋，決定盡可能管教他。

在小武讀到小學四年級以前，母親非常嚴格地執行在家裡能夠管教的部分。夫妻倆原本就是那種「從小學到大學都能輕鬆應付學業」的人，所以對小武在學校的情形眞的很困惑不解，便認爲「既然他做不到，那就只能由我們管教了」。

小武放學回家後，母親首先就是叫他去洗手、漱口，之後讓他吃點心，再檢查書包，拿出當天的作業，陪他一起寫功課。要是小武無法專心、懶懶散散，母親就會嚴厲斥責他或鼓勵他，督促他繼續寫下去。寫完功課以後，母親才會開始做晚飯。

沒有寫完功課就不准打電玩遊戲，但只要寫完，到上床睡覺以前都可以打電玩。小武從難熬的功課解脫以後，就會一心一意地打電玩。曾經很喜歡彈的鋼琴，如今卻徹底荒廢了。

早上小武會一直睡到母親來喊他起床。每天的上學準備，都是由母親代勞。

後來，他的問題行爲不僅沒有改善，還變本加厲。在家念書時只要母親一插嘴，他就會暴怒、亂丟餐具和家具。

在變成這樣以前，這對母子曾經來找我諮詢。我們給了以下的建議：

「每天固定在晚上七點吃晚餐。」

「讓孩子在晚上九點就寢。」

這是很簡單的生活習慣提議，所以小武乖乖地答應了。

接著，我們又建議母親在準備晚餐時，偶爾安排一點事情讓小武幫忙，並記得在他幫忙後對他說「謝謝」。另外我們也請父親配合晚餐時間提早回家，撥時間全家人一起吃飯。

結果怎麼樣了呢？

小武漸漸變得獨立自主，母親也不再像以前那樣無時無刻照顧他。他開始懂得思考電玩要打到什麼時間，才能在晚上九點就寢。直到五年級、六年級，然後升上國中以後，小武已經蛻變成完全看不出以前是問題兒童的活潑樣子了。

這個時候，我提醒父母「要引導小武說出自己的想法」。後來，小武慢慢能夠做到自律，高中時還表示「想做動物相關的研究」而選擇理科的課程，現在正在大學裡爲了實現夢想而讀書。大家應該已經可以看出來，小武爲什麼能夠擺脫問題兒童的狀況了吧。

大腦的發育順序

人類生存的機能大部分都由大腦掌握，甚至可以說育兒就等於是「育腦」。父母就是改用正確的育腦方式，小武才得以改變。就像孩子要先會自主活動頭部以後才會說話一樣，大腦的發展是有順序的。所以，培育大腦也有應當遵守的順序。

在孩子出生到五歲以前，必須先培育「體能腦」。睡覺、清醒、進食、靈活地動作，這些全都是由大腦掌管。體能腦主要是指包括負責內臟運作和自律功能調節的下視丘在內等間腦、腦幹部位。

寶寶出生後只會躺著，不分晝夜都會哭著討奶，接著才會漸漸不在深夜醒來、可以持續睡過夜。然後寶寶會慢慢能夠自主轉動頭部、翻身、坐著、爬行。在這段時期，寶寶會和家人一起在早晨醒來，入夜後睡著，一天吃三餐，開始會表現出喜怒哀樂。總而言之，人一出生後，身體和大腦會先開始發育。

大腦發展的重點在順序

1 0～5歲

體能腦
＝
生存腦

睡覺、清醒、吃飯
活動身體

2 1～18歲
（核心6～14歲）

智能腦
＝
人性腦

語言和精密動作
學習、運動

3 10～18歲
（核心10～14歲）

心智腦
＝
社會腦

在社會上的
成功幸福

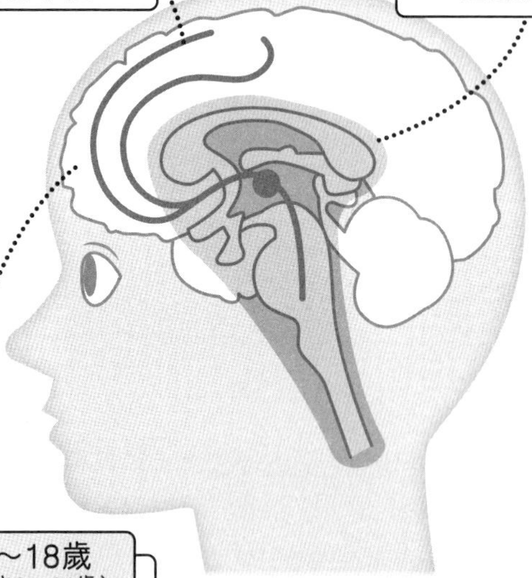

首先要培育大腦的基礎「體能腦」，稍後再培育「智能腦」。等到10歲左右，再開始培育連結「體能」和「智能」的「心智腦」，這才是正確的順序。

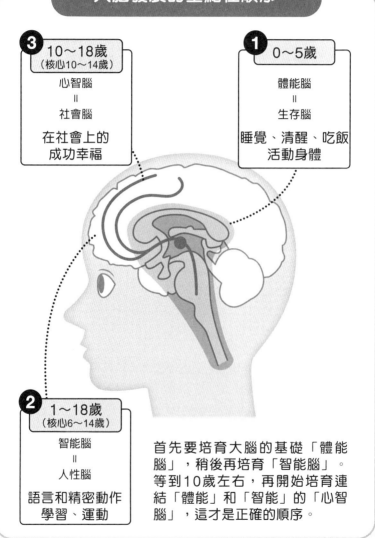

在體能腦發育時期後，接著就是一歲要開始培育「智能腦」。這部分主要是指負責語言功能、思考、運動技術（精密動作）的大腦新皮質。智能腦會在中小學的學習過程中大幅發展，不過依然會有個體差異，大致都需要花時間一路培育到十八歲左右。

最後是在十歲到十八歲期間培育的「心智腦」。這部分是指運用大腦新皮質裡功能最頂尖的額葉，來解決需要進行人性邏輯思考問題的能力。

大腦需要依照這三個階段來培育，但是**大多數的父母都不管「體能腦」，只一味地講求發展「智能腦」和「心智腦」**。這就是導致學歷迷思父母在育兒上受挫的主因，小武也是相同的情形。

小武的大腦培育失敗，是因爲父母輕忽了在幼兒時期培育「體能腦」。母親有全職工作，同時又要讓孩子去上好幾家幼兒才藝班，每天都在趕時間。小武在三～五歲時通常都是過了晚上八點才吃晚餐，接著洗澡，休息片刻後上床就寢，早的話十點就能睡覺，偶爾還會拖到十一點。雖然小武培育了「智能腦」，但「體能腦」卻沒有充分培育，因而處於發育失衡的狀態。

孩子會看著父母的樣子長大。父母是否注重早睡早起吃早餐，是否爲了做到這些而努力，這些都會在生活中逐漸形塑成孩子的價值觀。

後續我會再詳細說明，不過父母對事物的觀點、發言的內容、面對孩子的表情、是否會陪孩子玩耍，每一件事都會對孩子造成超乎想像的影響。

比才藝更重要的事

如果在培育「體能腦」之前先培育了「智能腦」，原本童年時期乖巧聽話的優秀小孩，在升上小學高年級以後，就會有很高的機率發生拒絕上學、焦慮症等心理問題。

從小武的例子來看就很清楚了，父母若是輕忽培育大腦的順序，就會得到慘痛的教訓，這就是事實。

「體能腦」先奠定了扎實的基礎，再依序堆上「智能腦」「心智腦」，這才是良好的育腦階段。倘若「體能腦」太虛弱，不管後面再怎麼努力堆砌「智能腦」和「心智腦」，都可能會失去平衡而崩塌。

舉例來說，大家可以想像住在一棟客廳位於二樓的獨棟房屋。

假設大家都想要有一張放在客廳裡的漂亮沙發，或是超大螢幕的電視。想要這些並沒有問題，但如果一樓（體能腦）面積比二樓（智能腦）要小很多，要是往二樓塞進各種家具，房子就會垮掉。即使二樓什麼也不放，房子也可能會因爲一場小地震而崩毀。萬一大地震來襲，全家人都會被壓扁。

只要好好培育體能腦，小學的孩子在入夜後就會睡覺，早上會主動起床、表示「肚子餓了！」並吃早餐，然後心滿意足地乖乖去上學。

乍看之下，所有孩子每天都是很普通地早起去上學，但是根據小學的調查結果，早上強制叫半睡半醒的孩子起床、逼肚子並不餓的小孩吃飯的家庭，其實遠比想像中的多。

各位讀者是不是在孩子尚未培育好體能腦（一樓）時，就強迫他學才藝或運動（二樓）呢？當然，如果孩子自己想學，父母也會想讓他學。父母可以盡全力幫助孩子發展能力，但希望各位要注意「孩子的大腦發育是否均衡」。

當我問家長「想要養出什麼樣的孩子」時，幾乎沒有人回答「只要健康強壯就好」。希望孩子呼吸均勻，心跳速度適中，有足夠的肌力，具備至少能保護自己逃避危險的運動神經；晚上可以睡得香甜，早上張開眼睛就能起床，總是笑容滿面、活力充沛——我從來沒有聽過家長這樣回答。

然而，這才是最重要的。因爲一切都要以這些爲基礎才能建立起來。

依我看來，「想要養出什麼樣的孩子」的答案如下：

一、在「體能腦」時期培養出「像原始人的孩子」

二、在「智能腦」時期培養出「有課外求知欲的孩子」

三、在「心智腦」時期培養出「能夠判讀對方心思的孩子」

培養出「像原始人的孩子」

在「體能腦」時期，父母的職責就是盡量讓孩子的大腦記住「晝行性動物」的生活作息。晝行性動物與夜行性相反，是「早上天亮後開始活動、晚上天黑後睡覺」的動物。雖然人類是動物，但這種生活與現代人差別很大，感覺就像原始人。

說得更清楚一點，父母在寶寶出生後到五歲以前所做的「育兒」工作，等於是要養育出一個強壯的原始人。這就是培育「體能腦」。在孩子五歲以前，必須學會的不只是動物的本能，還有讓自己活下去的環境適應力。

例如遠處的草叢出現動靜，發出沙沙聲，視覺和聽覺可以推測那裡可能有敵人；嗅覺可以感知到氣味；撿起不明果實咬了一口後，味覺可以發現味道很奇怪、判斷這不能食用；觸覺可以感受到風中的濕氣，察覺可能快下雨了。人會運用這五種感官來保護自己。

藉此確定自己安全後，就會放鬆下來。一天會感受到三次飢餓、自發性地進食。爲了適應時時刻刻都在改變的氣溫和濕度，自律神經會發揮功能、維持體內環境平衡。如果有敵人出現，就會暴露情感，產生憤怒、恐懼，於是逃跑或對抗。這就是原始人的能力。

這也可以說是本能吧。爲了培養出這個能力，所以需要大人每天在「生活」中持續刺激孩子的大腦，這就是「培育體能腦」。

此外，在這個時期，促進在「體能腦」擁有基地的三種原始神經傳導物質「多巴胺、血清素、正腎上腺素」的分泌也很重要，這樣可以奠定生存能力的基礎。

最重要的是，**要讓孩子在出生到五歲前確實分泌這三大神經傳導物質。給大腦扎實良好的刺激，可以促使高度神經網路形成，最後進入培育「心智腦」時期後，孩子就會擁有抗壓性強、善於邏輯思考和抑制功能很高的大腦。**

那麼，培養原始人大腦最大的關鍵是什麼呢？那就是現代社會強調的「符合年齡所需的充足睡眠」。我在演講等活動上談起這件事時，聽眾都表示「我家小孩都有好好睡覺啊……」。其實，最可疑的就是「好好」這兩個字。

很多人以爲「小孩只要睡滿八小時就好」，對五歲幼兒和高年級小學生一視同仁。大人的睡眠時間大約是六、七個小時，所以才覺得小孩只需要八小時。但是，各個年齡需要的睡眠時間，還有建議的就寢時間都有一定的標準，而且有科學和醫學上的根據。

我們就先來重新評估睡眠時間吧。小兒科的教科書上寫道，五歲兒童要睡滿十一個小時才能正常發展。另外還有一個重點就是睡覺的「時段」，最理想的是晚上七點就寢、早上六點起床。

但是，從日本的現狀來看，幾乎沒有家庭能夠讓小孩在晚上七點上床睡覺，所以我希望各位可以努力做到晚上八點睡覺、早上六點起床，讓孩子睡十個小時。因爲原始人都是「天黑睡覺，天亮起床」。如果是小學生，雖然教科書建議要睡十小時，不過我都是請家長努力讓孩子在晚上九點就寢、早上六點起床，睡滿九個小時。

那些表示「我家小孩都有好好睡覺」的家長，在我仔細詢問他們的家庭狀況後，才發現他們孩子的就寢時間都在晚上十一點過後。而且孩子看似已經入睡，實際上卻是翻來覆去睡得很淺，或是會半夜起床上廁所，並沒有確實深入睡眠。這麼一來，就不能培育出健全的大腦。

在天亮的早上六點左右起床、開始活動，在天黑的晚上七點左右停止活動、八點就寢。這個睡眠的黃金時段，對屬於晝行性動物的人類小孩、原始人來說，是不可或缺的大腦培育基礎。

兒童需要的標準睡眠時間

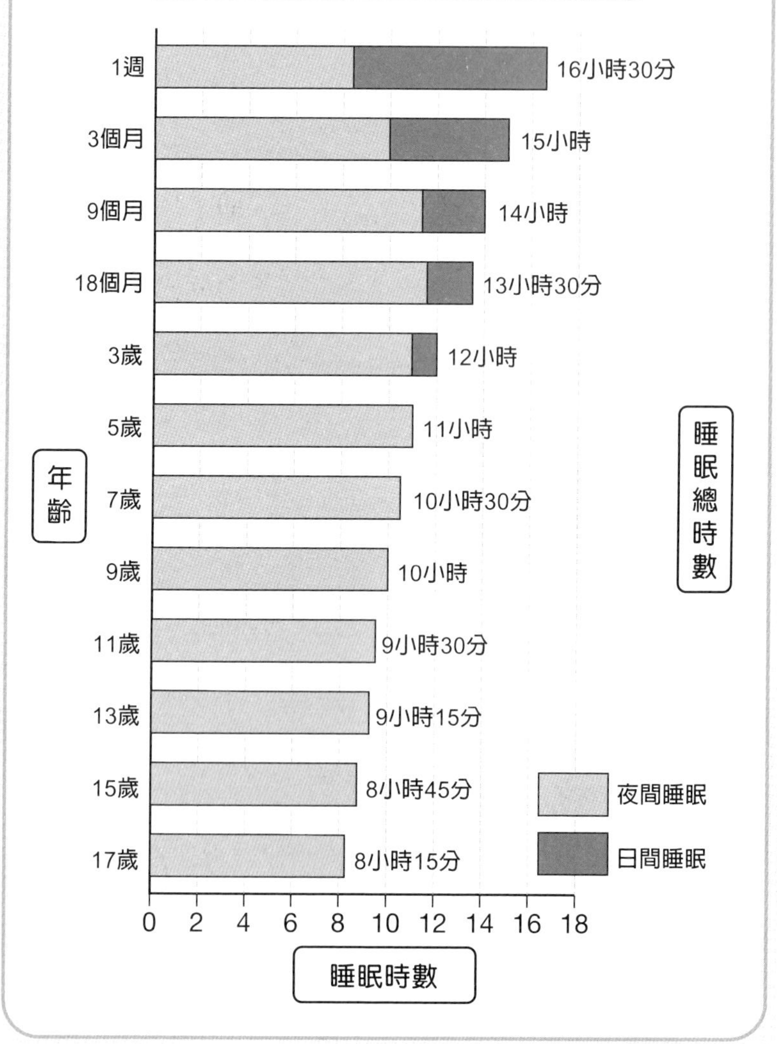

培養出「有課外求知欲的孩子」

在「智能腦」時期核心的中、小學時代，孩子會在學校和課外活動中從事學習、運動等各式各樣的活動，這個時期千萬不能小看孩子的「睡眠」。如果不繼續「培育體能腦」來打好基礎，就會面臨各種風險。

如果孩子睡眠不足，在睡覺時製造的生長激素就無法分泌，會阻礙骨骼的發育。要是讓孩子放學後去練足球或游泳、延後就寢時間的話，長不高和骨折的危險就會大增。而且，全球各地都有報告指出，在兒童時期沒有充足睡眠的孩童，青春期以後肥胖、憂鬱症、初經提早的風險就會升高。

尤其睡眠的後半部分有重大的功用，需要整理每天吸收到的新資訊、固定在記憶裡。這是培育「智能腦」的必備條件，沒有充足的睡眠也會對學習機能造成不良影響。

但就像前面再三強調過的，高學歷父母有讓孩子提早受教育的傾向。請大家回想一下從小就去上才藝班和補習班、犧牲睡眠時間的小武，他的生活變成這種模式，可以歸咎於兩個原因。

首先是父母認爲「孩子越早受教育，頭腦會越聰明」。這些已經在學業熬出頭的家長基於自己的成功經驗，相信努力就會有收穫，光是想像其他的小孩在補習念書、自己的孩子卻在睡懶覺，就會感到焦慮不安。

另一個原因，是父母會拿孩子與其他人比較。其他小孩都在學才藝、做課外學習，自己的小孩如果不跟著上，「身爲父母的自己」會有種疏離大眾的感覺。學歷迷思父母又特別容易焦躁，所以情況會更嚴重。

由此可見，透過正確的睡眠來培育高度發達的大腦，是育兒最重要的課題。大家從小武的例子應該也可以看出來，爲什麼他接受了大量的學習刺激，卻沒有長進，學業成績還一落千丈了吧。父母一發現小武異常的行爲，就忍不住要管教、阻止他。

不過，在他們修正態度、爲了重新培育「體能腦」而調整生活作息後，就得到期望的結果了。這個例子證明只要徹底改變對待孩子的態度，孩子就會有好的轉變。

但是，這裡有一點需要注意，在培育「智能腦」時，並不是只要讓孩子去學校或補習班，就能得到他需要的知識和學習。在這段時期，有充足的睡眠和飲食、自律神經功能正常、健康狀況良好的孩子，大腦可以無限接收新的知識和資訊所帶來的刺激。**培育智能腦時期的孩子，訣竅就是幫他大量灌輸學校課業以外的知識和資訊，藉此刺激大腦**。

如果孩子具備大量「學校課外的知識和資訊」，各位家長就可以信心十足地自認把孩子養得很好了。不管是外星人、鐵路、泥土裡的昆蟲，還是足球選手的名字，任何資訊都可以，只要孩子眞的感興趣、會自發性地尋求新知識，就代表大腦的培育非常成功。身爲父母，若能盡量陪在身邊支持孩子，那是最好的了。

從這一點來看，父母趁孩子還小時就帶他接觸自己喜歡的事物，或許會很有效果。例如我在女兒還小時，就會帶她一起去看我喜歡的戲劇表演。結果她在不知不覺中長成了一個超愛音樂劇的少女，還特別沉迷於《悲慘世界》、對這齣劇熟悉到簡直是博士等級。

我遇過一個孩子，他會和父親一起去釣魚，久而久之自己有了十幾個水族箱、養了形形色色的魚，最後還考進了有水產養殖系的大學。這些孩子在小學到高中的成績都不是名列前茅，反而還吊車尾。但是，他們的大腦都培育得相當好。

培養出「能夠判讀對方心思的孩子」

我二十幾年前剛從美國留學歸國時，在小兒神經學會活動的書店攤位上，找到一本關於「語用學」的書（可惜這本書已經遺失，我也想不起書名了）。慚愧的是我以前從來沒聽過「語用學」這個詞，這本書讓我大開了眼界。

簡單來說，語用學是一種語言技巧，「用言外之意來促使對方行動」。舉例來說，家人對我說「收音機很吵」，於是我默默起身去調降收音機的音量。這個時候，是我察覺到「收音機很吵」這句話的言外之意是「太吵了，你去轉小聲一點」，才會付諸行動。

如果我沒能察覺到這一點，可能就會脫口回應「蛤？哪有啊，我覺得這個音量剛剛好」，結果影響到人際關係。

這本書裡舉了一個自閉症的特徵，是「對語用學有先天上的理解障礙」。後來過了一段時間，腦科學方面的自閉症研究脈絡，便以語用學爲根據，開始把焦點放在自閉症兒童的大腦額葉功能障礙，這在腦科學上稱作「心智理論」。

當時我靈光一閃，發現「語用學」可以用來培育「心智腦」！於是，我就開始用女兒來做「實驗」了。

女兒兩歲時，我先是教她學會說「我要抱抱」。

三歲後，我教她說話時加上自己的感受，像是「好累，我要抱抱」；四歲後，她學會說「我走了好多路好累，拜託抱抱我」。

五歲以後，她的語言表達已經很精準了。

「雖然我很累，可是媽媽的腰也不舒服，所以抱我走到那根電線桿就好。」

如果孩子的語言能力還不足以用正確的句子表達完整的意思，就無法運用語用學。

我記得在女兒上小學後，我們有過這段對話。

「爸爸去超商幫我買東西，可是突然下雨了欸。他有帶傘嗎？」

「啊，雨傘還在傘筒裡，看來沒有喔。」

「如果他淋濕的話就糟糕了耶，我們帶傘去接他吧？」

「嗯，那我們走吧。」她已經可以細心地接續對話，採取行動。

在她上國中後，有一天我說：「啊～狗狗好像想去散步呢，可是我今天腰好痛喔。」結果女兒聽了以後回答：「所以妳是想叫我去遛狗嗎？」

「心智腦」在十歲以後才會眞正發達起來。女兒在這個時候第一次學會了「語用學」，但她還不確定自己自己是不是會錯意，所以再次跟我確認。

基於這段經驗，我認爲如果孩子沒有經歷這個過程，在長大以前都不會熟練語用學。如果要問：「想養出什麼樣的孩子？」從最重要的「培育心智腦」方面來看，我的回答就是「能夠判讀對方心思的孩子」。我利用這個觀點，舉辦了各種育兒研討會。

假如上司對下屬說「整理這份資料大概要花兩小時，但我現在要趕去開會」，那下屬該怎麼回答才理想呢？

A：「開完會以後，你再花兩小時整理不就好了嗎？」

B：「你的意思是要我來做嗎？」

C：「部長不能不去開會，所以我來幫你做資料吧？」

當然答案可能會因爲下屬與上司的關係而不同，不過身爲社會人士，C的回答肯定比A跟B要更保險。這種察覺他人心思的能力，正是由「心智腦」掌管的語用學。我認爲**父母在生活中讓孩子自然學會這項技巧，有助於孩子將來在社會上獲得成功和幸福**。

大腦的發達建立於生活場景。我相信不論孩子有沒有自閉症，都可以透過「生活」來培育「心智腦」。

要常對零歲幼兒說話

我確實觀察到笑口常開的父母所養育出的孩子，大多都能保持愉快的心情。而且，這樣的孩子總能馬上理解父母要表達的意思。這也代表「鏡像神經元」正在發揮作用，孩子的大腦會運用這個神經細胞，模仿父母的言行舉止。

然而，有些母親卻覺得「零歲小孩根本還不會講話，所以我才不會對他說話」。她和孩子獨處時一直都在滑手機、開著電視，完全不會對孩子說話，也不會對他笑。

但事實並非如此。小孩從零歲開始，就會盯著眼前的父母開口說話的樣子。當孩子在腦海中重現嘴巴活動的模樣時，會發出「啊噗～」之類的聲音來拚命練習，最後才會發出「媽媽」「爸爸」這些有意義的詞語。所以，最好要不斷在孩子面前展現你想讓他學會的言行舉止。

更具體來說，**在幼兒期就讓孩子受教育的家長，會錯失利用鏡像神經元活化孩子大腦的機會**。父母在小孩面前表現出正確的行爲，像是「對不起」「謝謝」這些道歉和感謝的舉動，會更加重要。

俗話說「孩子是父母的鏡子，父母是孩子的榜樣」，父母要爲孩子示範理想的行爲舉止。雖然這樣說有點嚴厲，但這件事絕不能假手他人。

舉例來說，假設有兩個家庭的父親都經常出差不在家，一家的母親告訴孩子「爸爸現在正在努力爲我們工作喔」，另一家的母親則是對孩子說「爸爸都不回家，在家裡一點用也沒有呢」。兩個家庭的說法截然相反，會在孩子心中塑造出完全迥異的父親印象。同樣地，我也不能接受運動教練一味地用「要這樣做」「要那樣做」「不准這樣」這類指示、命令、否定來指導孩子，這樣會讓孩子只認識到這些單字。

前幾天我去餐館吃飯時，看到一位母親帶著兩個小孩。母親讓小孩入座後，自己去購買餐劵，其中約三歲大的男孩想去拉一張自己用的兒童座椅過來。年約五歲的姊姊見狀後，突然露出凶狠的表情，用大人的語氣警告他：

「你不要拿那個椅子啦！媽媽說要拿才可以拿，你去拿的話會很危險喔！」

這副模樣大概是跟母親學的吧，簡直就像照鏡子一樣。母親或許一直都是這樣跟她說話的。

「這張椅子是你拿的啊，還這麼小卻這麼厲害呢，謝謝你幫了媽媽一個大忙。」

如果母親平常是對孩子這樣說的話，這個五歲的姊姊應該就會說出完全不一樣的話了。或許是慌亂的育兒工作造成我不少壓力，才讓我為素不相識的親子擔心起來。

大腦培育從零歲開始就會出現差距，但很多家長都是選擇讓孩子早點去上補習班或才藝班，想培育孩子的「智能腦」。從大腦培育的觀點來看，其實這麼做「已經慢一步」了。育兒的時間有限，家長只專注於培養智能腦，才會犧牲睡眠和說話這些培養「體能腦」的時間。

「繭居」是可以預防的

各位聽過「起立性調節障礙」這個病名嗎？它別名又叫作「自律神經失調」，這幾年確診的小孩與大人都越來越多。從名稱可以看出，這是自律神經失調導致起床時無法站立的難受症狀。

具體症狀有「早上總是起不來」「經常頭痛或肚子痛」「猛然站起時會暈眩或頭昏」「站太久會覺得不舒服」「在交通工具上容易暈眩」等。診斷方式是以這些症狀為前提，檢查平躺不動時和站立時的血壓與脈搏差距。

根據日本小兒身心醫學會的報告（二〇一八年度），有大約5％的小學生、10％的國中生罹患起立性調節障礙。其中重症者約1％，無法上學者約三～四成。男女比例為男性1比女性「1.5到2」，女生明顯偏多。好發年齡在十歲～十六歲，也就是容易在青春期發病。當然大人也會發病。

確診者很難按時上學，因此就算孩子不上學或足不出戶，學校老師和父母也只會覺得「因爲得了起立性調節障礙，沒辦法」。

但是我並不這麼認爲。因爲前面提過，自律神經是「體能腦」的功用。沒有好好培育體能腦的孩子，就會得到起立性調節障礙。當然這也跟天生的體質有關，不過事實上「體能腦」也可以隨時重新培養。

其實，我從小也有過嚴重的起立性調節障礙。我在讀國中的時候，每天早上都是在兩眼發黑的狀態下爬出被窩，搖搖晃晃地換衣服，從家裡走到車站的途中需要坐在路邊休息三、四次。即使好不容易到了學校，每次也都會在朝會時暈倒。只要去泡溫泉，我就會泡到頭昏腦脹、失去意識。

那爲什麼我現在卻能在清晨三、四點就精神抖擻地起床呢？起床後還能俐落地工作，泡一小時的晨澡，做一大堆早餐全部吃光光。我之所以能這麼勤快，就是因爲我調整了生活、重新鍛鍊了我的「體能腦」和自律神經。

自律神經是包含人類在內的所有動物，爲了在任何環境下都能保持還算「良好」的身體狀況而使用的神經。自律神經會讓我們在夜晚得到充足的睡眠，在早上充飽活動的能量，它會讓我們感受到食欲，讓我們進食，讓我們能消化食物、吸收養分，排出老廢物質，這一切都由自律神經掌控。

除此之外，自律神經會適應隨著季節千變萬化的氣溫和濕度，維持穩定的體溫。它也會在睡覺、站立、坐下等更換姿勢時瞬間調節血壓，讓適量的血液輸送到身體的末梢。自律神經正是「自己約束自己」的神經，否則健康就會出現障礙，它是我們人類生存必備的神經。

但實際上，自律神經的運作狀況的確有很大的個體差異。雖然神經功能有天生的「好」跟「壞」，但還是可以透過維護和鍛鍊來大幅改善。其中的關鍵就在於睡眠、飲食、運動這些基本的生活習慣。

換言之，我們只要有正常的睡眠、飲食、運動就好了。我花了二十幾年學習其中的醫學根據，也透過自己和自己的育兒過程完成了實驗，所以我非常肯定。

而來我這裡諮詢的人，也陸續爲我驗證了這項事實。原本不管怎麼做都只能在下午兩點去學校的孩子，在整頓生活習慣後，高中時已經可以在早上五點起床、騎自行車去上學了。

歐洲的幼稚園會把孩子放逐到山野

各位讀過全球暢銷書《拯救手機腦》嗎？書名會讓人以為內容是在單方面抨擊「手機是萬惡根源！」但這本書只是用冷靜且科學的觀點，探討手機（或者平板、電腦、遊機主機）在人類進化過程中的定位，論述它會對大腦造成什麼樣的刺激，以及最終大腦會受到什麼影響。

日本小孩的手機成癮也是很嚴重的問題。

在我帶領的育兒科學軸心機構裡，也會一直強調大人爲孩子提供的「生活」有多重要。因爲「生活」會培育孩子的大腦。然而在現實中，手機卻占據了孩子的學習時間、睡眠，變成阻止他們出去玩耍的「時間小偷」。但這種論調都歸因於孩子不願意放下手機的「慣性」或「缺乏自制力」，主張是孩子本身的問題。但事情眞是如此嗎？

作者韓森在這本書裡坦承自己也有「手機成癮」的經驗，但是他「刻意」擺脫手機並成功了。大人只要像他一樣拋棄這個慣性、用盡自制力，就能自行擺脫手機。

但另一方面，孩子的大腦還沒發達到可以「刻意」「用自己的腦」來擺脫手機，需要有一起生活的大人協助。父母必須幫助孩子「培養出不會手機成癮的腦」，或是「幫孩子重新培育已經手機成癮的大腦」。

我在育科軸心教給大家的基本應對方法，就是前面提過的「培養出像原始人的孩子」。

在「體能腦」時期的孩子都是原始人，在這個時期培養出用感官接收環境帶來的刺激、依靠本能反應活下去的能力，他們會憑著好奇心探索四周，找出自己感興趣的事物。因此，手機的刺激對他們來說有無可抗拒的吸引力，可想而知根本不可能做到自我控制。

所以，我會指導家長在孩子五歲以前，盡量不要讓他們接觸手機、電玩遊戲機、電腦，甚至是電視，尤其是要避免在吃飯時看電視。強烈的聲光刺激會控制他們的大腦，驅使他們的五感運作而導致吃不下。

即使孩子年過五歲，也要避免在就寢前一小時接觸這些。因爲身爲晝行性動物的人類，大腦在下午會開始分泌褪黑素，生理時鐘會設定成一到日落時分就自然產生睡意。

但是，**如果眼睛在睡前接觸到手機發出的強烈藍光，褪黑素的分泌量就會減少，造成生理時鐘混亂**。各位家長是否曾經急著叫孩子快去睡，卻換來孩子一句「可是我睡不著」呢？因爲他已經養成「睡不著的腦」了。

要解決這個問題，就是帶孩子到野外奔跑，讓他在大自然裡爬樹、努力撐著不要掉下來，或是注意不要被顛簸的地面絆倒。萬一他跌倒了，下次就會更小心。要讓他每天都做這樣的活動。

在蒙特梭利等另類教育盛行的歐洲幼稚園，都一定會準備這樣的環境，將孩子放逐到山野裡。就像原始動物在山林裡長大一樣，歐洲人都普遍知道自由解放身體和心靈，可以促進孩子的大腦（心智）和身體的機能。即使在城市裡，也會用公園打造出類似的環境。

日本也有實施這種教育的幼稚園和小學，所以並非做不到。經過我的觀察，以高學歷父母爲主的家庭，都會在小孩滿三歲後送他去上幼幼班，致力於強化孩子的讀寫能力和記憶力。其實這麼做沒什麼意義，所以我都會告訴家長要帶孩子去公園等有自然環境的地方。

除此之外，我也會建議家長不要在孩子快跌倒時出手扶他。放手讓孩子跌倒看看，這樣以後他就不會再跌倒了。人類的野生直覺也非常寶貴，而先爲孩子培養這股野生的直覺很重要。

懂得培育大腦的父母

「我每天早上都會關心他一下，但要是那天他心情很差的話就會大吼大叫，罵我很囉嗦什麼的，眞的好可怕。到了晚上，他會一個人在房裡打線上遊戲，弄出砰轟轟的聲音。我該怎麼辦才好？」

這位母親和年過二十還是家裡蹲的孩子住在一起，她一臉無精打采地來找我諮詢。

「總之先調整好早睡早起的生活作息吧！」

我在醫院門診和育科軸心一直都是這樣告訴家長，設法將溺水的親子從苦海中打撈上岸。已經幾乎重生的他們，都因此深深了解到「無論如何都要有良好的生活作息」。

然而，很多人一開始都不相信我，因爲這個作法不能立即見效。尤其是高學歷的父母，往往會更追求顯著的成果，像是繪畫或樂器演奏等作品表現、考試分數、學校成績單、模擬考的排名、學力、計算能力、寫作能力這些「認知能力」。

相較之下，「非認知能力」是指上進心、自我肯定感、獨立和協調、同理心這些心智的部分。只要調整好生活作息，非認知能力就會大幅提升，但因爲這些能力無法測量、沒有可供評價的數據，所以家長無法體會。

沒有培育好「體能腦」的孩子，甚至會出現拒絕上學、繭居在家、對家人施暴、自殘等情況。因此我會警告家長「可能會有這些後果喔」，但大多數父母依然覺得「我家小孩不會這樣」。

孩子確定要參加全國體操大賽了。

孩子在游泳比賽紀錄上總是名列第一。

孩子在補習班按成績排座位時都坐第一排，在頂尖中學的模考中錄取率有八成以上。

這些孩子往往會變成早上起不了床，對家人暴力相向。即使孩子會出現莫名的頭痛或腹痛，親子依然堅持走在培育菁英的道路上。因爲家長相信，我家這麼優秀的孩子綻放的光芒，足以照亮這一丁點陰影。不懂培育大腦價值的人，或許都不善於思考未來。

我深切地感受到，如果比起目前這些瑣碎的事，父母更能綜觀大局的話，情況一定會改變，只可惜事與願違。

第5章

學歷迷思父母專用的「育兒方法」

貫徹身為父母的堅決態度

「我實在有點聽不下去了。」

語畢，友人嘆了口氣。仔細追問才知道，在他打工的補習班裡有個小學生，會找同學亮出考試成績來一較高下。

「之前的模擬考啊～某某是前30％，可是我有前29％喔，我贏了。」

每次只要模擬考結果一公布，他就會強迫別人給他看成績，然後取笑對方「你考得比之前爛欸」。

這家補習班專收要考私立國中的孩子，會按照成績換座位或換班。小孩子都很老實，會毫不掩飾地表露出要踩著對方往上爬的心態。補習班老師也會鼓吹學生「大家彼此都是對手，要互相競爭」。與大人理想中大家合作解決問題的小孩形象截然相反。

在這種環境下，孩子眞的能健全成長嗎？

「環境的影響更勝於遺傳基因。」

進入二〇〇〇年代以後，各個領域的研究員開始提出這個說法，並陸續發表研究論文，奠定了「父母及周遭大人爲孩子提供的養育環境非常重要」的觀念。

那麼，該提供什麼樣的養育環境呢？長年研究這個議題的我，根據相關的調查結果跟實驗數據，和育科軸心的同事一起成立了「親職訓練」（Parenting Training）。親職的意思就是「父母教養孩子的方式」，這是個讓家長學習如何對待孩子的場所，內容非常適合學歷迷思的家長。

這裡我就按照親職訓練的內容，教大家學歷迷思父母適用的教養技巧。

我常常會問學歷迷思家長這個問題：

「你讓孩子在家裡分擔什麼家務呢？」

因爲從這個答案就可以充分了解這個家庭的狀況。結果，大家的回答是這樣：

「小孩放學回家後都一直打電動，所以我只會偶爾請他去收曬好的衣服。」

「我家是請小孩掃浴室，掃一次給一百日圓。」

「我們家不會給零用錢，所以是用給跑腿費的方式叫小孩幫忙。例如去門口拿報紙進來給五十日圓之類的，會規定得很詳細。」

只要小孩幫忙就能拿到跑腿費，果然是許多有財力的父母偏好的作法。可是，父母付給孩子報酬（跑腿費）當作勞力的回報，這一點也不合理。一家人各自生活但互助合作是理所當然的事，不應該是等價交換的關係。

「偶爾請小孩做」也說不通，為什麼父母對孩子要這麼謙遜呢？我實在很想對這些家長大吼「你們要用更堅決的態度對小孩！」

讓小孩「分擔家務」是培育大腦最好的方法，但分擔家務並不是幫忙的同義詞。肩負家庭生活的家族成員，要依照每個人的能力，要求大家負起「自己非做不可的工作職責」。

反過來說，只要那個人不做，這項家務就永遠擱置在那裡，所以全家人都要做好因此受害的心理準備。假設孩子負責洗米煮飯，不做的下場就是「晚餐沒飯配！」如果是負責洗碗，不做的下場就是「沒有碗盤可以吃飯！」

我之所以嚴格要求孩子分擔家務，是希望在孩子年滿十八歲以後，成爲「在社會上可以全力發揮自我的人」，也就是把他培育一個可以獨立、自律的人。

在現在這個時代，即使雙親生活富裕，也無法保證孩子能夠受惠。昭和年代（一九二六年～一九八九年）的日本因爲高度經濟成長，是個只要儲蓄就會越來越富有的時代；但今後就連政府是否還能發放年金都有問題，晚年再也不能高枕無憂。也就是說，現在的家長是在經濟驟變的時期養育孩子。

我不認爲學歷至上的社會已經過去了，學歷還是有優勢。賺錢的方法五花八門，可以進入優良企業爭取高薪，也可以自己創業開公司。但是，人還是要有思考自己想在哪裡生活、具備在自己的收入範圍內生存的能力。

我想起在女兒小學三年級的時候，我帶她去迪士尼樂園玩。她停在禮品店門口，說她想要一副有米奇耳朵的髮箍。我記得那個要價約兩、三千日圓吧。

於是我說「我可以借妳錢」，在店門口心平氣和地解釋給她聽：「但妳的人生眞的需要這個嗎？」「買了以後妳要什麼時候用？會用到幾次？」「妳算過每個月慢慢還我借妳的錢，要花多久才還得完嗎？」

磨蹭了兩個小時後，女兒決定不買了。她當時的零用錢是每個月四百日圓，如果每個月還兩百日圓，要花一年的時間才能還完，而且零用錢變成每個月只剩兩百日圓，就買不起想看的漫畫了！況且頭箍上面有耳朵，不能戴去學校……她就這樣自己思考以後，並不是選擇忍著不買，而是能夠接受不買這件事。

在比這個年紀更小的時候，例如三～五歲左右的幼兒期，還處於「體能腦」的發育時期。第4章已經提過「體能腦」時期相當於原始人，而孩子表示「想要這個」的腦部活動，就跟原始人打獵時發現「目標出現！」是一樣的。

所以，不能對想要東西的孩子不分青紅皂白地罵「不行就是不行！」如果不解釋理由，只是一味地拒絕，孩子「想買這個！」「想做這個！」的能量就會源源不絕。孩子會不停地吵著要買，那可不是開玩笑的。

請家長一定要對孩子想要的東西有同理心。例如可以重複孩子說的話，回答他「這樣啊，你想喝果汁啊」，然後接著教他表達自己想買的理由。

在孩子還小時，就要有邏輯地對他解釋不能答應他的原由，這樣才能養育出懂得用「心智腦」自行判斷的孩子。

別給幼兒看手機

「你希望自己的育兒原則是什麼呢？」

當我這麼問時，多數家長都會回答「可以的話，我希望自己的原則是不給孩子玩手機」。來到育科軸心的家長，每個人都因爲孩子「睡覺以外手機不離身」「吃飯時也在滑手機」而傷透腦筋。

第4章介紹過的《拯救手機腦》一書裡，作者安德斯·韓森提到在他的祖國瑞典，兩~三歲的幼兒中，每三人就有一人每天會使用平板電腦，而十一歲兒童已經有98%都持有手機。

另一方面，調查指出每週使用電腦、手機、平板等電子產品十小時以上的十幾歲青少年，「覺得不幸福」的比例相當高。有三分之二社群網站用戶覺得「自己是廢物」，而有七成的用戶覺得「瀏覽IG的照片後對自己的容貌失去自信」，在精神方面有明顯的不良影響。

那該怎麼辦才好呢？

要依照小孩的大腦發展階段，改變他使用電子產品的方式。首先，零～五歲是「體能腦」時期，這時一定要注重孩子自然產生的好奇心和注意力分散的問題。如果給孩子這些以人工方式過度刺激好奇心的工具，那會很危險。

所以，大人在這個時期選擇「不給電子產品」才是對的。要改用「運動、玩耍」「睡眠」「飲食」當作刺激。幼兒吃飯時會想離開椅子跑去玩耍，雖然看起來像是孩子不專心，但其實只是這個時期的孩子會直接暴露出原始的情感而已，家長只要在一旁看著他就行了。

接下來是**主要在六～十四歲培育的「智能腦」時期，要繼續用好奇心來累積知識和資訊**。這時就建議使用手機等工具來收集知識和資訊，請家長千萬不要貶低孩子所展現出的興趣和求知欲。

話雖如此，光靠手機收集知識還是有限度，所以需要加入親身體驗。如果父母的預算和時間充足，就應該投注在這方面。假如孩子對火車頭有興趣，放暑假時可以帶他去山口縣來趟蒸氣火車之旅。這樣能夠幫助孩子鞏固足以牢記一輩子的知識。即便只是VR（虛擬實境）體驗，也能聞到蒸氣火車頭的蒸氣氣味，可以獲得手機的平面知識裡所沒有的東西。在知識的累積上，請家長一定要讓孩子多累積一些親身體驗。

包含人在內，生物可以透過感覺器官進行主體性的感知、直接觸及的環境，就稱作「環境界」（umwelt）。拓展環境界的選項，是這個時代的終極課題。簡單來說，就是**要注重讓孩子接觸有生命氣息的眞實事物，像是觀察活生生的魚、飼養動物、學習演奏樂器等**。光靠手機是遠遠不夠的。

在十～十八歲發展的「心智腦」，是自主思考、選擇、克制等額葉功能快速發達的時期。這時大人的責備、說教只有百害而無一利。手機會阻礙孩子「思考」「選擇」「克制」的發育，即使如此，也絕對不能強行拿走孩子的手機。

不過，光靠孩子自己的力量也不可能徹底杜絕手機，所以規定使用時間是唯一的方法。可以讓孩子自己思考、選擇用手機的時間。

有人會問：「那要給孩子用多久比較恰當？」爲了避免在調整生物作息上扮演

重要角色的「褪黑素」分泌量減少，最好規定孩子在就寢前一小時放下手機。

而且，要親子一起商量決定時間，千萬不能讓父母單方面決定。家長在商量時可以用以下對話。

睡眠是最重要的，所以千萬不能省。手機用太久會降低睡眠的品質和時間，最好還是克制一下。但是要你自己控制太難了，所以我們來定個規矩吧。既然晚上九點要上床睡覺，那在一個小時前，八點後就不要再用手機了。假使放學回來是四點，那四點到八點之間都可以用手機。不過，在寫功課的時候你會忍不住看手機，所以四點到五點寫功課的時候也不要用手機。

一開始先讓孩子試著按照規定好的時間去做。如果做不到的話，就再討論怎麼修改。不管再怎麼麻煩，也要重複這個過程。

關於使用的手機應用程式，也要親子一起討論，先選出必要且安全的程式，而且說好不許課金。需要安裝其他新的程式時，要讓孩子說清楚用途和目的。父母要有憑有據，並尊重孩子的立場、注意避免用父母的權威壓制孩子。這樣應該就能做到高學歷父母特有的應對方式了。

《拯救手機腦》裡提到一份調查結果。這個調查以四千名八～十一歲的孩子爲對象，測試他們的記憶力、專注力及語言能力，結果發現一天使用手機或平板電腦、打線上遊戲未滿兩小時的孩子，和睡眠時間在九～十一個小時的孩子，平均分數比長時間用手機且睡眠時間短的孩子要高。

運動也證實有提高「腦力」的效果。一百名小學五年級的學生，連續四週每天運動六分鐘後，專注力、注意力和資訊處理能力都比運動前更高。此外，運動也能爲學習帶來良好的影響。

與其告訴孩子成功的經驗，不如告訴他失敗的經驗

各位會不會過度在孩子面前自誇呢？

高學歷的家長經常動不動就對孩子誇耀自己的過去，像是「我在學校一直都是考前幾名」或是「考大學時我每天都用功到只睡三小時」之類的。這些事情或許很值得驕傲，但是眞人不露相，還是把自己的鋒芒藏起來吧。

因爲，這樣會打擊孩子的上進心。要是讓孩子覺得爸爸媽媽很完美、自己怎麼努力都比不上，他就會認定自己已經沒有成長的空間了。如果他們覺得「我實在沒辦法像爸爸那樣厲害」，自我肯定感也會下降。

實際上，很多高學歷父母都是因爲堅持努力不懈，才能找到自己在社會上的地位。我認爲這才是實情。所以，教訓孩子「你就是不夠拚才會這樣」只會適得其反。孩子的人生才剛開始，還處在努力以前的階段，當然無法超越父母的努力。

然而，在太早的時期強迫孩子努力，他就無法自己發現朝某個方向努力的樂趣，但這種孩子似乎很多。

比起自誇，不如對孩子說「自己做過的蠢事」，更能提高孩子的自我肯定感。告訴孩子自己失敗的經驗談，讓他知道雖然自己現在很完美，但以前也有過什麼都做不好的時期，促使孩子察覺自己的成長空間。

這樣可以讓孩子感到安心，覺得「爸爸雖然以前很糟糕，長大後卻過得很開心，那我應該也沒問題」。如此才能爲家庭帶來和樂正向的氣氛。

即使在家裡談到父親有多了不起、母親有多厲害，父母最好也要接著稱讚孩子的優點，例如「可是我也想像你一樣這麼會唱歌啊」「你的運動神經比我出色太多了」等，這也有助於激發孩子的動力。

具體來說，可以和孩子談談你在他這個年齡的失敗經驗。一個人不論在孩提時代過得再完美，都肯定有過一兩次失敗的經驗，像是遲到、遺失物品、在社團裡打混，也可以談自己被朋友欺負而心情低落的負面經歷。我都會請找我諮詢的學歷迷思父母一定要準備這樣的經驗談。

有一位母親在某個領域是非常傑出的研究員，曾經受到表揚。她的丈夫也是優秀的大學教師。但就讀高中的兒子因爲對父母的自卑感和不當的教育方式，開始出現暴力傾向。

我告訴這位母親要改變對兒子的基本態度，也表示「媽媽妳一定要跟他說自己以前失敗的經驗，稍微誇大一點也沒關係」。

於是，這位母親先試著向兒子搭話，慢慢改變接近他的方式，等到時機成熟後，才跟他聊起自己高中時代的經歷。

「你可能以爲我的人生都是一帆風順，其實我在高中時很討厭上英文課喔，因爲我不敢開口講英文，結果拿了零分欸。補考也是勉勉強強才及格。」

後來，她兒子的暴力傾向逐漸消失，態度也慢慢改變了。

尊重孩子的「偏執、堅持」

小學四年級的謙矢弟弟除了上學和洗澡時間以外，一直都在打電玩遊戲，過著電玩成癮的生活。他的母親來找我諮詢。

「我家小孩一開口就只會說那些無聊遊戲裡的字眼，我完全聽不懂，所以也沒辦法跟他對話。他上學會遲到，在家也根本不念書。」

她的每一句話都在否定兒子的行爲。而且對她來說電玩遊戲是「敵人」，因此她沒說兩句就會痛批「眞的是無聊透頂！」於是表情變得更加凶狠。所以，她在家整天都在罵小孩「不要玩了！」「你要玩到什麼時候！」久而久之，孩子上學遲到的時間從一小時變成兩小時，最後變成不肯去上學。

之後，這位母親在育科軸心重建了自己育兒的原則，徹底改變了對謙矢的態度。她原本對電玩遊戲興趣缺缺，但她第一次嘗試了解。

「我完全不知道這是什麼，你告訴我一下這是什麼遊戲嘛。」

謙矢聽到母親的問題，就笑著開始解釋遊戲的內容了。對事物有強烈堅持的他本來就很愛說話，每當母親問他「哦～那是誰跟誰在對打？」他的心情就會很好。

自從母親懂得不要批評遊戲「無聊」、不再否定謙矢喜歡做的事以後，母子的關係就越來越好了。在此同時，謙矢願意上學的日子也變多了。

小亮弟弟對事物的強烈堅持，成爲他開拓人生的契機。他很喜歡也非常擅長操作電腦，但因爲生活作息日夜顚倒，經常惹母親生氣。

因此，我決定採取的策略是規定孩子上床睡覺的時間、除此之外都隨便他。我請母子倆商量決定好用電腦的時間，最後訂下的規矩是在睡前一小時，謙矢就要把筆記型電腦歸還給母親保管。

雖說這樣做就可以了，但必須再多一點底氣。對於在一小時前「歸還電腦」這件事，需要有個能讓孩子接受的理由。不能只是強調「規定好就要遵守」，而是要告訴孩子這是爲了要保護他的健康。

這位母親跟我討論過後，決定對孩子這麼說：

「電腦用得太晚會害你睡太少，這樣你長大以後，死亡率就會變高、得到癌症的機率變高，也很容易變胖，生活習慣病的發病率也會很高喔。我們家的原則就是不能讓小孩死掉，所以起碼你不能比我還早死。」

如果大人聽到這番話，或許會覺得很誇張而笑出來。但是，這位母親卻十分嚴肅地這樣告訴孩子。結果，謙矢乖乖接受了這個說法，從此願意準時歸還電腦。

之後，謙矢從六年級開始自學程式設計；國中時決定就讀致力於發展程式設計等ＩＣＴ（資訊及通訊技術）教育的學校。長大以後，他和外商公司成立合作專案，以工程師的身分大顯身手。

大家還記得第1章19頁的十角形圖表嗎？這張圖表其實還有後續。前面那張表是二〇一七年的調查，但後來仍持續調查到二〇二一年，這幾年親子關係的變化結果如下頁圖所示。在我們實施了親職訓練以後，父母的干涉、矛盾和溺愛的情況都有所改善，在新冠疫情擴散的動盪時期也能穩定地生活。

2017年～2021年
TK式診斷新親子關係檢查平均值
的歷年變化

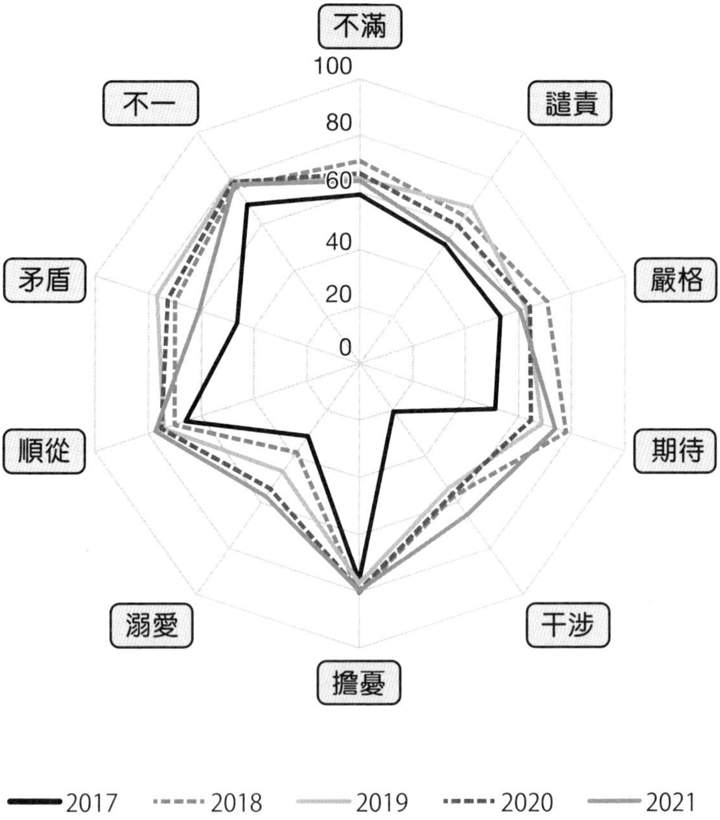

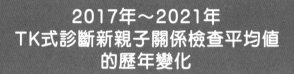

多年前從高中畢業的阿洸想當珠寶設計師，於是進入專科學校。他原本就讀的是排名很好的高中，和前面兩個例子一樣過著電腦和手機成癮的生活。高學歷的母親試圖讓兒子專注於課業，但阿洸已經很清楚自己未來想走的路了。

當初他表示要去讀專科學校時，母親似乎非常反對。由於他原本是想走考上好大學、進入大企業的菁英之路，因此母親面有難色地表示：「做工藝的收入不是很不穩定嗎？」

但是從日本的實際統計數據來看，專科學校畢業的學生就業率遠比大學生要高，還有學校能讓學生學到高度的專業技能、考取證照。母親這才理解其實讀專科可以拿到未來十分受用的證照資格，好處更多。

孩子令父母擔心的「堅持、偏執」，其實都會像這樣轉變成孩子的利器，重要的是父母不要把它當成缺點。

「我家小孩很有意思呢」「我家小孩很特別」「能堅持到這種程度也算是厲害吧」。

家長要從不同的角度看待這些事，有意識地用靈活的觀點來解讀。高學歷父母理解事情的速度本來就很快，只要順利地理解並接受其中的優缺點及憑據，就不會花太多時間解決這些問題了。

要常保開朗的好心情

父母在孩子出現被霸凌、成績落後、不上學等負面現象時，很容易感到不安，於是拋開對孩子的信賴而擔心起來、忍不住想要干涉。尤其是格外努力的高學歷父母，都擁有超乎想像的「熱血精神」與親和度。由於他們會把重點放在贏得競爭而不是享受樂趣，所以會讓無法配合他們的孩子吃足苦頭。

爲了避免這種情況，家長首先該做的是平常要笑臉迎人，還有訓練自己正向思考。

舉例來說，有的父親聽到讀國中的孩子說「我不想上學」時，會破口大罵「人要是這麼懶散的話就會墮落，最後變成家裡蹲，再也出不了社會喔」。相反地，我希望家長可以面帶微笑對孩子說：「你是不是有心事啊？那就待在家裡一直到你想上學爲止吧。沒關係，你想說的時候再告訴我就好。」

當孩子發生事情時，父母露出不可置信的擔心表情，或是全心全意地相信他，兩者帶來的結果會有天壤之別。

當家長得知孩子可能遭到霸凌時，大多會展現出抵抗的架勢。看似溫柔和善的母親，會在此時露出銳利的眼神、認爲「我要保護我的小孩」。請家長不要做出這種反應，如果孩子已經就讀小學四年級以上，那就要開始傾聽孩子自己的意見。如果孩子吃了虧，就教他自己去找老師說明狀況。錯的也有可能是孩子自己，所以要根據他的錯誤思考如何解決問題，例如雙方是否有可能和好，不能的話又該怎麼辦。請父母要促使孩子自主思考。

另外還有一個重點，就是**父母要打從心底對其他人抱持著「幸虧」的心情，並且表達出來**。曾經有家長來找我商量：「明天我要去學校面談，請問我應該要跟導師說什麼才好？」大家心裡都有想說的事、想問的問題，但因爲順序關係沒能說出口，或是猶豫著不知道該怎麼說。於是我就請這位家長跟我一起練習。

「謝謝老師平常的照顧，之前我兒子給你添麻煩了，實在很抱歉。幸虧有老師幫忙注意，他才變得比較乖了。謝謝你。」

在正式開始面談以前，一定要像這樣強調自己「幸虧」的心情。如果沒有這些開場白，就會忍不住抱怨我兒子有什麼困擾、因爲什麼事受到傷害，所以希望老師可以想想辦法之類的，變成只是一味強調自己的看法。這種父母或許就是沒有放低姿態表現出自己的「幸虧」才會失控。

我們針對這個主題，舉辦了「正向思考，記得『幸虧』！」研習會。活動的重點是學習將「這都要怪某某，氣死了！」的念頭，換個角度解釋成「幸虧有某某，才有這麼好的事！」努力改變觀點，最終就能在家庭裡推動正向的循環。

因此，我請參加者列舉幾個怪罪別人、導致自己心情不好的例子，結果實在多到令人咋舌。

「這都要怪我老公，有夠火大。」

「都怪小孩做這些事，害我心情爛透了。」

「同事的態度刺傷了我。」

來參加的家長多年來的積怨，就像是噴發的火山岩漿般一鼓作氣全炸了出來。

爲了讓他們更容易轉換思路，我事先準備了一份「不愉快的遭遇」練習題，讓他們練習轉換成「幸虧有這些事，我才有所體會」，之後再請他們面對自己眞實的不滿。例如要把句子改成「某某讓我很火大，可是幸虧有這件事，我才能××」。

然而，他們在練習時明明都可以順利轉換成「幸虧」的心態，可是在面對自己眞實發生的不滿時，就會覺得「不行！我實在沒辦法」或是「我長年的怨恨快爆發出來了！」負面氣場全開。因此，我請他們不必要求自己讚美或是用完全正向的心態來看待，可以用有點反諷的語氣來說「幸虧有某某，我的人生更有趣了呢」，這才終於讓他們接受。

這種正向的心態轉換，如果直接用來看「小孩不寫功課」這件事，那就只會產生負面觀感。所以也可以換個角度，解讀成「這孩子完全不寫功課也不覺得怎麼樣，膽子眞的很大啊！」家長如果能夠這麼做，對孩子說出的話肯定會逐漸改變。

重點在於家長不需要眞心這麼想，只要了解到有其他可能的看法就行了。如此一來，「你根本不寫功課，以後也考不上高中，讀不了高中就會淪落成爲社會的敗類」這種恐怖的詛咒就會消失了。

相對地，妳就能對孩子說出「媽媽我要是有這麼多功課偷懶沒寫，我就不想去上學了，可是你不一樣，你以後可能會是大人物欸」。與其對孩子灌輸「不寫功課會變成社會敗類」的觀念，不如讓孩子能夠天眞地想著「我以後可是大人物」，這樣更有可能培育出幸福洋溢的孩子。希望大家一定要試試這個**把「都怪某某」轉換成「幸虧」的正向轉換思考**。

要建立最大的原則

在學歷迷思父母的家庭裡，育兒的「原則」往往都是讀書，但若是把「每天一定要寫功課」當成原則，孩子就容易出現偏差。請大家想想看，孩子在每個發展的階段有哪些事是最重要的，該用什麼作為「原則」才能讓孩子一輩子幸福。

首先是「早睡早起吃早餐」，這一點絕不能妥協，因為它是絕對的原則。假設孩子在星期六、日都有足球比賽，但是到了晚上他卻還沒寫功課，於是母親告訴他「今天就算熬夜也要把功課寫完」。

這樣在孩子看來，父母明明一開始堅持「早睡早起吃早餐」是絕對要遵守的原則，卻又要求他「沒寫完功課不准睡」，那根本就是自相矛盾。如果又額外建立了寫功課這個原則，就很容易摧毀最早建立的絕對原則，對孩子來說這是雙重標準。

我在第1章也提過，這種矛盾會使孩子焦慮不安。為了避免這種情況，家長必須建立起不會被其他原則影響的最大原則。就算有小孩想看的電視節目，但只要過了就寢時間，也要告知孩子「這是我們家的原則。我幫你錄影，以後再看吧」，催他去睡覺。一天二十四小時裡，扣除在學校上課、睡眠、吃飯、洗澡、幫忙家務等生活時間，頂多也只剩下一個半小時。將這多餘的時間用來讀書就可以了。

儘管如此，仍有不少學歷迷思家庭以孩子的學業爲重。

「你只需要寫功課、複習補習的內容，課表和明天的準備都讓媽媽做就好。」

「你在學校被欺負了？那我去跟老師說，你什麼都不必擔心，專心念書就好。」

這些都是我實際聽到的說法。

如果家長只注意到孩子不寫功課、書念不好這些負面的表現，就會開始在意大眾的目光，與其他小孩做比較，於是被羨慕和嫉妒蒙蔽了雙眼，原則就很容易偏移。

大家都愛說「我知道，但就是做不到」。

不過，只要父母還清楚知道自己理想的原則，就有辦法回到正軌。知道與不知道，結果會有天壤之別。
但願大家都能透過本書找到這個原則。

後記

化擔憂為信任，你的孩子才能健康地成長

雖然我在這本書裡大肆批評了一番，但「學歷迷思父母」當然並非全是缺點。他們的理解力很高，很努力，經濟能力也很富裕，照理說應該可以把事情處理得面面俱到。

那爲什麼他們的育兒過程卻不順利呢？因爲他們面對的是「小孩」這種未知的生物。尤其幼兒是不講理的感情動物，學歷迷思父母過去的成功經驗根本派不上用場。

不過，育兒的困境是古今東西每個家庭的父母都會遇到的，只是學歷迷思父母在受挫時沮喪的程度會特別大。

關鍵還是在於觀點。只要改變觀點，一切都有可能好轉。只要能夠想著「育兒不可能事事順利」「我們在這方面都沒遇到問題，眞幸運」，心情就會頓時輕鬆許多。

其實我們夫妻也都是醫師，在社會上正好屬於「學歷迷思父母」的族群。不過，「幸虧」我的雙親明確對我展現出「學歷迷思父母」不好的那一面，我在育兒的過程中才沒有任何迷惘，得以好好享受自己的人生。我的心情絲毫不受女兒的考試分數影響，而且老實說我幾乎沒有看過她的成績。我想趁這個機會感謝在這本書裡出現好幾次的女兒，謝謝她呈現出良好的「實驗結果」。

孩子有孩子自己的人格，並不是父母的私有財產。他們不僅人格與父母不同，價値觀也有差異。父母絕對不能做的就是「強加自己的價値觀給孩子」，各位只要讀完本書應該就明白了。

孩子最需要的，是父母給予的信賴。

我想再強調一次這句話，作爲本書的總結：所謂的育兒，就是一趟將擔憂變成信賴的旅程。

Eurasian Publishing Group
圓神出版事業機構
用心與你對話 · 網野無限寬廣
如何出版社
Solutions Publishing

www.booklife.com.tw reader@mail.eurasian.com.tw

Happy Family 092

為何父母越完美，孩子越痛苦？：化擔憂為信任的教養之道

作　　者／成田奈緒子
企畫編採／島澤優子
譯　　者／陳聖怡
發 行 人／簡志忠
出 版 者／如何出版社有限公司
地　　址／臺北市南京東路四段50號6樓之1
電　　話／（02）2579-6600 · 2579-8800 · 2570-3939
傳　　真／（02）2579-0338 · 2577-3220 · 2570-3636
副 社 長／陳秋月
副總編輯／賴良珠 · 李宛蓁
責任編輯／柳怡如
校　　對／柳怡如 · 林雅萩
美術編輯／金益健
行銷企畫／陳禹伶 · 朱智琳
印務統籌／劉鳳剛 · 高榮祥
監　　印／高榮祥
排　　版／陳采淇
經 銷 商／叩應股份有限公司
郵撥帳號／ 18707239
法律顧問／圓神出版事業機構法律顧問　蕭雄淋律師
印　　刷／祥峯印刷廠
2024年4月　初版

定價 300 元　ISBN 978-986-136-690-6

孩子的失控行爲，只是冰山一角，表面之下，是孩子等待被理解的整個內心世界……一旦我們告訴自己：「好吧，放慢點……我的內在良善……孩子的內在也良善。」我們的教養方式，就會與任由挫折感和憤怒支配時截然不同。

──《教養逆思維》

國家圖書館出版品預行編目資料

為何父母越完美，孩子越痛苦？：化擔憂為信任的教養之道／
成田奈緒子著；陳聖怡 譯.
-- 初版. -- 臺北市：如何出版社有限公司，2024.04
176 面；14.8×20.8 公分. --（Happy family；92）
ISBN 978-986-136-690-6（平裝）
1.CST: 親職教育 2.CST: 子女教育 3.CST: 親子關係

528.2 113002247